프로바둑강좌 · 완전초급 8

초보자를 위한 침입의 기술

9단 加藤正夫 지음
프로바둑연구회 편

太乙出版社

머 리 말

   이 책은 '침입'에 관한 전과(專科)라고 할 수 있을 만큼 여러 분야에 대하여 다각도로 기술을 하였다.

   침입은 기본적인 지식을 요한다. 그렇기 때문에 여기에서는 침입의 변화를 자세히 설명을 하여 그 대표적인 것을 실전례에 따라 응용할 수 있도록 편집을 하였다.

   침입을 초반, 중반, 나아가서는 종반에 이르기까지 침입에 대한 구상과 변화를 여러 가지 각도로 재조명을 하여 보았다.

   침입은 그 자체로서뿐이 아니라 전국적인 전망이나 침입을 한 후의 변화가 크게 문제된다. 침입을 한 후의 변화가 나쁘다면 그것은 다른 측면에서 생각해 보아야 할 것이다.

   이 책에서는 침입에 따른 여러 분야를 응용할 수 있도록 효과적으로 편집하였다. 이 책을 익혀 침입의 테크닉을 배가하였으면 하는 바램이 저자의 집필 의도이다.

                        저자 씀

차 례 *

머리말··· 5

제1장 / 침입의 정석

제 1 형　접바둑의 침입(1)······················· 10

제 2 형　접바둑의 침입(2)······················· 16

제 3 형　접바둑의 침입(3)······················· 22

제 4 형　접바둑의 침입(4)······················· 28

제 5 형　접바둑의 침입(5)······················· 38

제 6 형　걸침에서 3·3······························· 50

제 7 형　마늘모 붙임과 3·3······················· 58

제 8 형　변에서의 침입······························· 68

제 9 형　3칸의 침입··································· 80

제10형　5칸의 침입··································· 90

제11형　좁은 침입····································· 98

제12형　한 칸 굳힘에서의 침입··············· 104

제13형　급소의 침입······························· 116

제14형　마늘모에서의 침입······················ 122

*차 례

제 2 장 / 실전의 침입

제 1 국 침입의 시비································· 133

제 2 국 궁여 (窮余)의 3·3침입················· 138

제 3 국 정석의 침입···························· 148

제 4 국 급소의 침입···························· 158

제 5 국 침입에는 침입으로····················· 168

제 6 국 침입에서의 약한 돌···················· 180

제 7 국 변에서의 침입·························· 190

제 8 국 중반의 침입···························· 200

*정석 후의 침입 (1)························· 48

*정석 후의 침입 (2)························· 49

*정석 후의 침입 (3)························· 88

*정석 후의 침입 (4)························· 89

*정석 후의 침입 (5)························· 130

제1장

침입의 정석

제 1 형 접바둑의 침입(1)

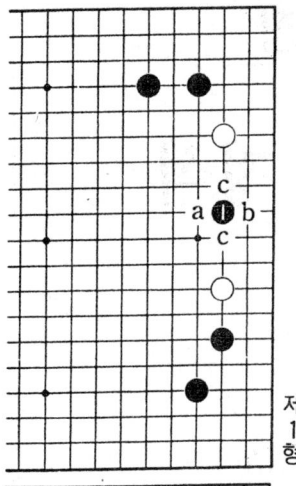

제
1
형

이것은 접바둑에서의 침입이다. 이런 배치에서 흑1의 침입은 백의 5칸 벌림에서이다. 상수가 흔히 두는 상용의 수법인데 지킴이 없는 곳이면 흑의 침입이 있다.

침입을 하는 쪽에서는 3선이나 4선에서 좌우의 한길씩 2곳이다. 이 모양에서는 흑a의 침입이다.

흑a는 백b로 둘 여지가 남는다. 여기에서 한걸음씩 좌우로 이동을 하는 것은 c로 다가섬이 있다.

이것은 후술하기로 한다.

1
도

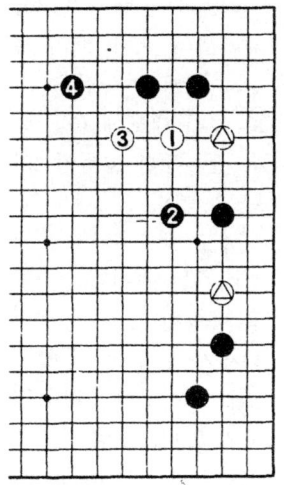

2 도

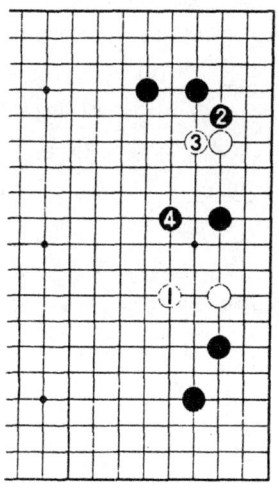

3 도

침입은 보통 3선이나 4선이다.

어찌되었거나 이 모양에서는 흑1이 적절하다.

백의 2점을 공격하는 수이다. 1도 백1, 3의 지킴이 있다면 흑의 불만이다.

2도 침입으로 백 △가 양단되었다. 백은 어느 한쪽을 사석으로 이용하여야만 한다. 평범하게 백1, 3은 흑2, 4로 좋다.

3도 백1로 뛰는 수도 흑2, 4는 모양있는 공격을 한다. 약한 돌의 수효는 2대 1이다.

정면에서 전투를 하는 것은 백이 불리하다.

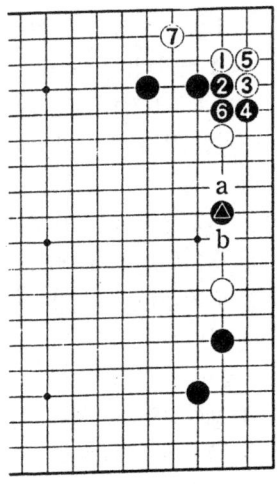

4
도

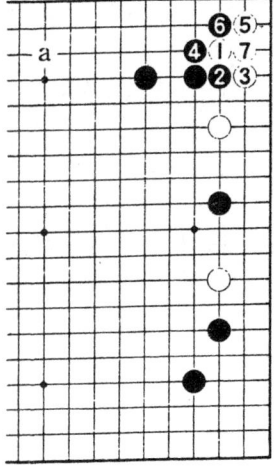

5
도

여기에서 백의 변화를 생각하여 보자. 백의 벌림에 대하여 작전은 흑의 강한 태도에 따른 물이 흐를듯한 흐름이 아닐 수 없다.

4도 백1의 3·3에 들어가는 수이다. 이곳을 공방한다. 흑6 까지 외세가 두텁다. 흑▲가 a나 b의 곳에 있다면 여유가 있다. 흑▲가 b의 곳이면 백a가 있다. 만약 흑▲가 a에 있는 곳이면 백b의 다가섬이 있는 곳이다.

5도 이런 배치에서는 흑4는 좋지가 않은 곳이다.

이곳은 두게 되면 침입의 효과가 감소된다. 물론 이 수는 a의 곳에 돌이 있다면 좋다.

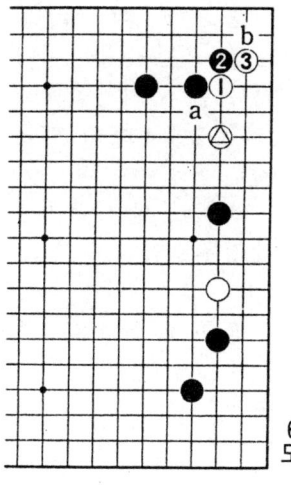

6 도

6 도 백 1 의 붙임으로 두는 것은 어떨까?

이것은 백⬠가 있는 모양에서 돌의 협공을 하고 있는 곳에서의 의미이다. 백 3 의 2 단젖힘으로 a의 곳에 두는 것은 다르다. 2 단젖힘에서 모양이 결정이 된다. 2 단젖힘에 대하여 흑b에 내려서는 것도 정석의 하나이다. 여기서—

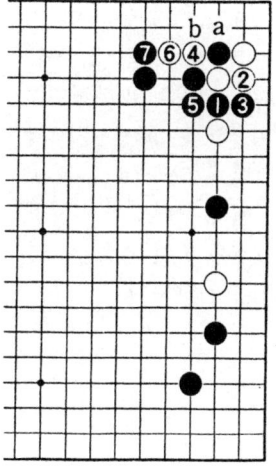

7 도

7 도 흑 1 의 단수 다음에 3 으로 돌파하는 것은 이하 7 까지이다. 다음에 손을 뺀다면 흑이 a의 곳에 내려 빠지는 수가 있다. 백 6 으로는 b도 가능하다.

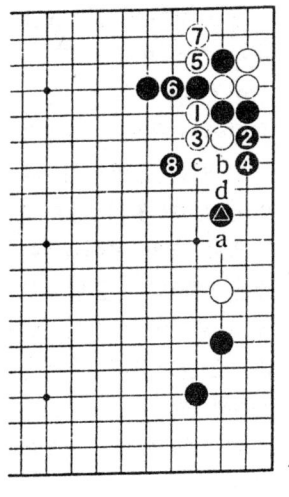

8도
도

9
도

8도 백 1 의 끊음도 일법(一法)이라고 아니 할수 없다. 그러면 묵묵히 흑 2 로 나온다. 백 3 에는 흑 4 이다.

백 5 로 살면 8 까지 3점을 움직일 수 없게 한다.

흑⚫ 가 a에 있다면 흑 4 는 b에 젖힘, 백 c , 흑 d이다.

9도 백 5 로 두면 귀는 흑집이 된다. 흑 12 까지 외길의 기본형이다. 20집의 큰 확정지가 생긴다.

백의 두터움이 있지만 이것은 존외(在外)로 너무나 허약하다.

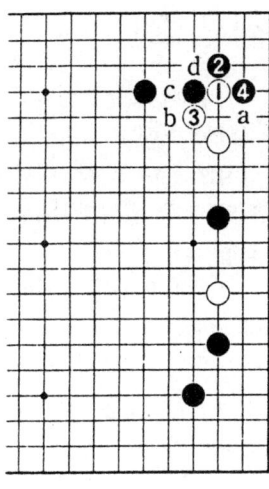

10도

10도 백1, 3으로 벌려 이음이다. 이 수는 어떨까?

이것은 흑4의 단수에서 강하게 백이 a의 곳을 받으면 패이다. 백a에 흑b. 이것은 패 때림을 각오해야 한다. 어쨌거나 흑4까지인데—

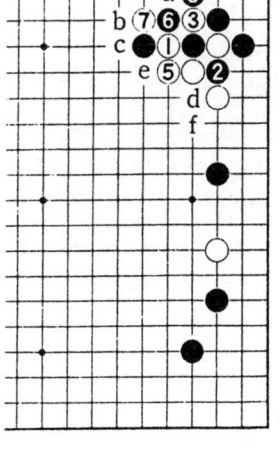

11도

11도 흑의 단수에 백1부터 두는 것은 이하 8까지 진행하여 나간다. 여기에서 백a는 흑3으로 이어 수습한다. 백7 다음에 c로 축이다.

이것은 이 배치에서의 기본적인 변화도이다.

제 2 형 접바둑 침입(2)

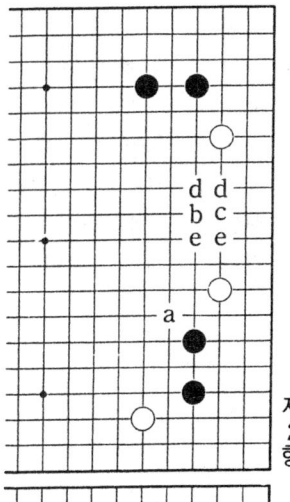

제2형

이런 배치도 전형적인 접바둑 스타일이다. 견실하게 둔다면 흑a이다. 백의 5칸 벌림에 대한 침입이다.

여기에서 b의 4선이나 c의곳 3선이아니다.

5칸 벌림에서 침입을 노리는 곳은 d나 e의 곳이다.

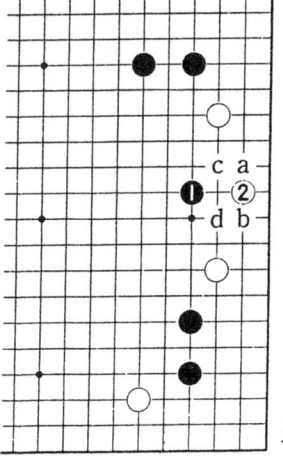

1도

1도 4선이나 3선에서도 침입의 원칙은 있다.

흑1의 높은 침입에 백은 2로 받을 여지가 있다. a나 b의 붙임의 여지가 있는 곳이다. 백 c, 백d의 젖힘으로 1점을 잡는다.

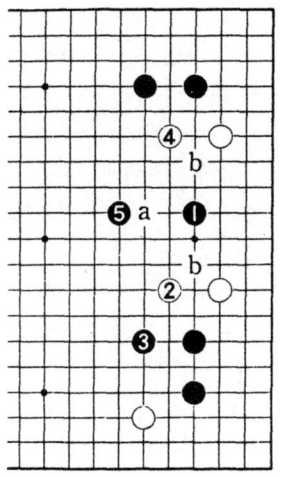

2도

2도 백 2로 한칸 뜀이다. 흑도 봉쇄를 피하여 3으로 피한다. 백 3으로 봉쇄를 하는 것은 허락할 수가 없다. 백 4에는 흑도 5이다. 흑 5는 a의 곳에 두는 수도 있다.

2칸으로 뛰는 수를 두기 전에 b의 곳에 엿보는 수가 있다. 약점이 백은 2개, 흑은 1개로 싸움은 흑의 불리를 생각할 수 없다.

3도 백 4의 모자이다. 여기에서는 흑 5로 어깨를 짚는다. 이 어깨짚는 수가 a나 b라면 중도반단(中途半端)이다.

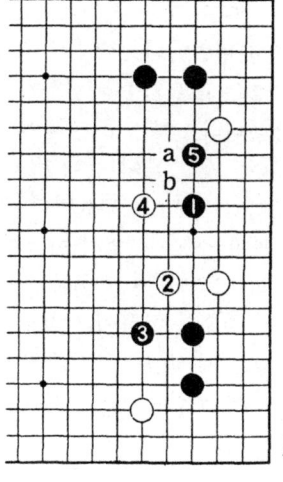

3도

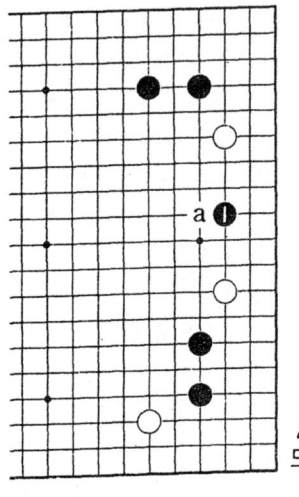

4도 지금에서는 3선의 침입의 조화이다. 이 배석에서는 a의 곳도 흑1과 마찬가지로 좋은 곳이다. 주변에 원군이 많다면 3선의 깊숙한 침입일 것이다.

싸움에서 불안한 자료를 없애야 함은 당연하다. 4선 방향이 온당할 것이다. 높은 침입에는 발빠른 협공이 좋다.

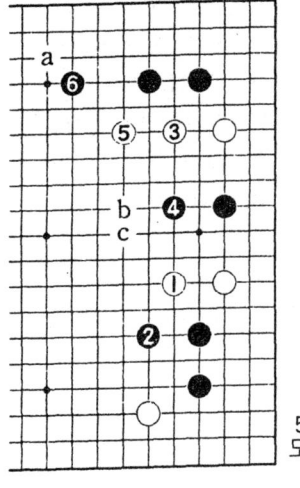

5도 깊은 침입에 대한 변화이다. 백1에 흑2는 필요없는 변화가 아니다. 백3, 흑4이다. 약한 돌이 2대 1이다. 흑6이 필요하다. 백6의 모자씌움에는 c의 곳을 붙여 싸운다.

흑6의 받음이 필요없는 배석이라면 흑b로 되어 우위에 서는 것은 명백하다.

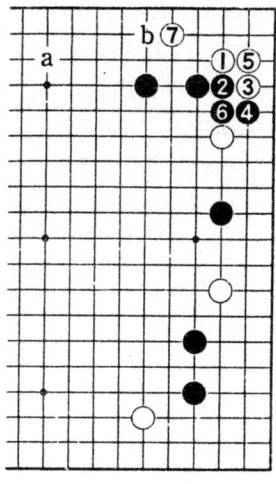

6도

6도 이런 곳에서는 싸움은 대환영이다. 백 1의 3·3에서 기쁘게 귀를 내어준다.

a의 방향에 흑돌이 있 다면 b의 곳에 붙이는 것 은 자유이다.

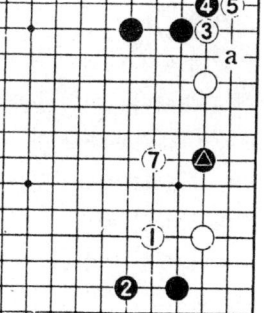

7도

7도 여기에서 예상 도를 생각해 볼 수가 있 다. 깊은 침입은 위험이 수반된다.

백1에 흑2, 백3, 5 의 2단젖힘이다. 흑6 이나 a의 국부적인 정 석을 택한다.

흑▲가 예상 이상의 부자유이다.

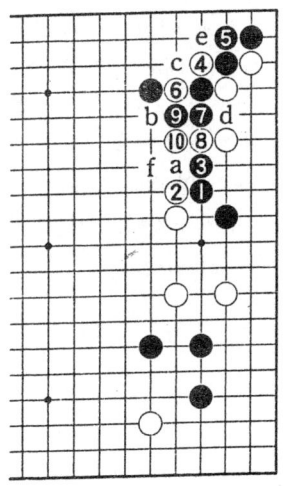

8 도

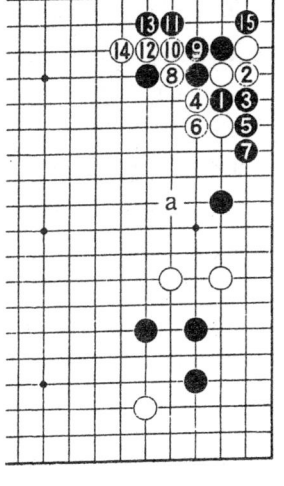

9 도

8 도 흑 1 로 두는 수이다. 백 2 다음에 4 까지이다. 백 6 에서 10까지이다.

흑 a 는 백 b 이하 흑 2 이하 결행을 하여 백 5 까지이다.

흑 1 을 3 으로 변화시키는 것은 백 4, 6 이 맥이다.

화점에 있는 1 점을 2 점으로 키워 사석으로 쓴다.

9 도 여기에서도 강한 전법이 좋은 결과를 나타낸다.

이것은 흑15까지 외길의 수순이다. 이 다음에 백 a 로 일응봉쇄를 하는 의미가 있는데 이것은 백의 모양이 엷다.

특히 5 점 이상의 접바둑에서는 백의 두터움이 있다.

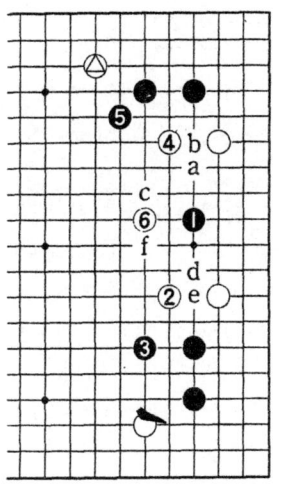

10도

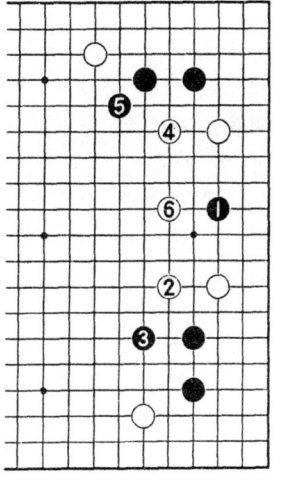

11도

10도 여기서 얘기를 진행시켜 보자. 백◎에 돌이 가미 되어 있다면 이 장면에서는 흑1의 높은 침입이 정해이다. 백2, 흑3도 같다. 백 4의 뜀도 주목을 구한 다.

흑5에는 백6의 모 자씌움이다.

높은 침입에서 흑a, 백b, 흑c나 또는d, 백 e, 흑5의 탈출이 있다.

11도 이 배치에서는 흑1의 깊은 침입이다. 백2, 4로 두는것이 맥 이다. 이 다음에 6까 지 봉쇄를 한다. 3선이 나 4선에서의 침입도 생각할 수 있는 곳이다.

제 3 형 접바둑의 침입 (3)

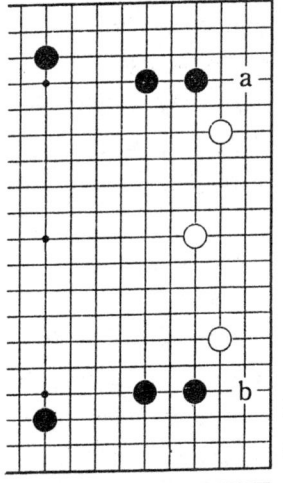

제 3 형

이것도 접바둑 포석의 하나이다. 백 모양이 엷다.

확정지가 생기기 까지는 수수(手数)를 요한다.

흑 a나 b의 곳으로 귀를 확보함이다. 그러나 다음에 침입이 있다. 여기에서 침입을 생각해 볼 수 있다.

1 도

1 도 흑 1 로 침입을 하는 수이다. 백 2 로 연결을 도모하면 이것은 8 까지이다. 백모양이 튼튼한 반면 이 댓가로 두터움을 허락하여 효과가 없다.

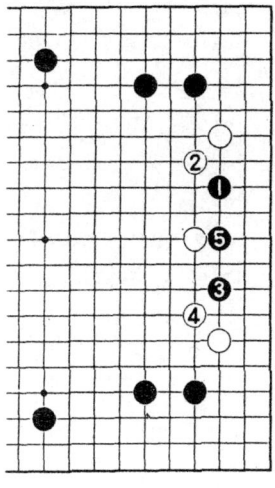

2
도

1도 보다는 최초에 어찌 두는가가 문제이다.

2도 흑1로 3.3에 침입을 하는 수이다. 여기에서의 침입은 백의 진형을 처량하게 만든다.

백2의 마늘모에서 흑3의 침입이 알기 쉽다.

백4에 흑5이다.

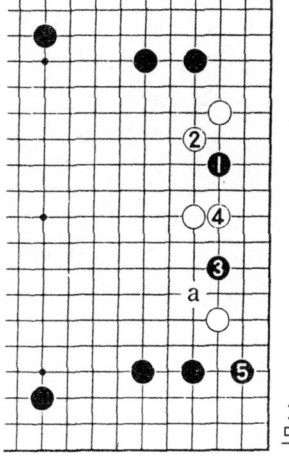

3
도

3도 흑3에 백4의 한쪽 지킴이다. 여기에서 흑5이다.

흑5로는 a의 마늘모도 있다.

흑1의 돌은 완전히 죽어 있지는 않는다.

또한 흑3도 마찬가지이다. 흑5의 지킴이 있기 때문에 흑3은 그렇게 간단히 잡힌다고 볼 수 없다.

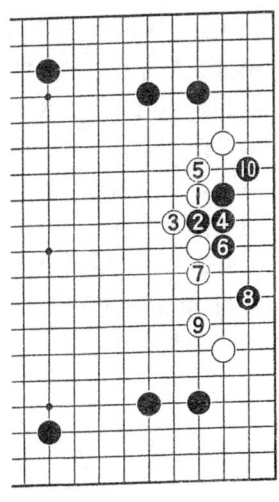

4도

4도 백1의 붙임이 모양이다. 흑2로 끼어 넣음이다.

이 끊음도 하나의 의미이다. 백3, 5는 모양이다.

흑8, 10으로 살아서 외길의 수순이다.

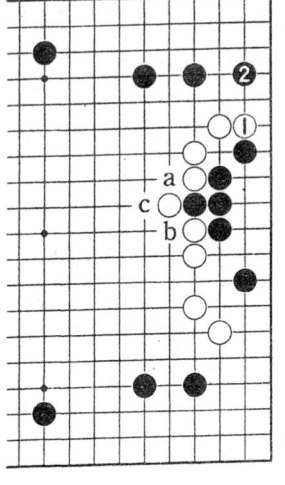

5도

5도 이 다음에 백1의 막음이다. 이 다음에 3·3의 침입을 노린다.

백의 외세는 일견 강타이다. 직접은 a, b의 끊음이 있다.

이런 큰 모양은 접바둑에서 많이 나타나긴 하지만 백의 결함이 있다.

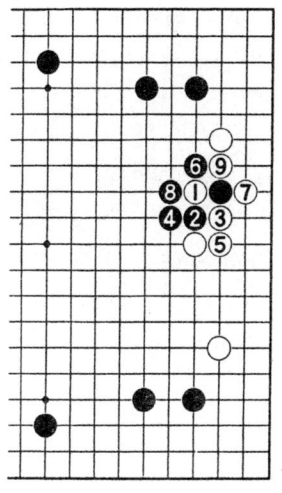

6도
도

6도 변화를 나타내본
다.

백 1 에 흑 2 의 끼움,
백 3 의 단수에서 흑 4 의
뻗음이다. 이 뻗음은 절
대이다.

백 7 , 9 까지이다. 흑
모양이 두텁다.

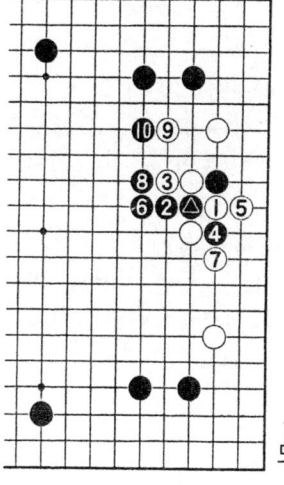

7도
도

7도 아래쪽을 뻗는
것은 어떨까? 백 3 으로
두는 것이 옳은 태도이
다. 흑 4 , 6 에서 10 까
지 정석화한 호각의 갈
림이다. 흑은 10 까지 외
세가 두텁다.

이것은 최초의 흑 ▲
의 끼움의 2 단젖힘으로
나타난 모양이다.

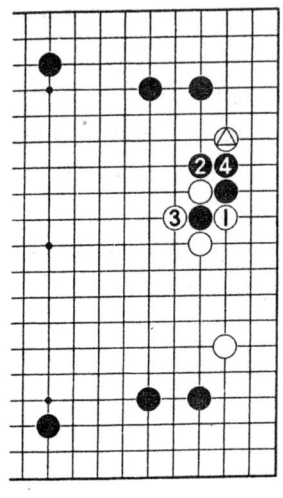

8도

8도 여기에서 다른 방법을 생각하여 보자. 백1의 아래 끊음에서 흑2의 단수에서 4의 곳 이음까지이다.

백의 집을 파괴하며 백△를 포획한다. 허나 귀는 완전히 흑의 집은 아니다.

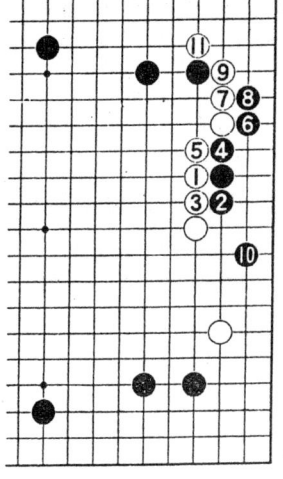

9도

9도 여기에서 흑2의 뻗음은 어떨까? 이 모양에서는 좋지 않다. 백3에서 11까지 된 모양에서 흑의 모양이 의외로 궁핍하다.

흑6, 8에서 10까지 사는 모양은 자연히 귀가 엷어져 침입의 전과는 격감된다.

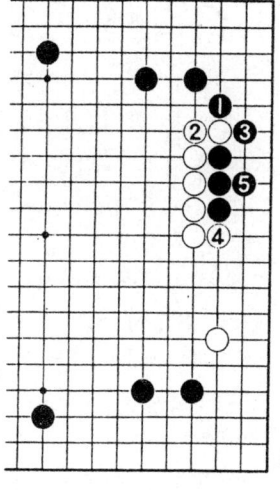

10도
도

10도 아래쪽 젖힘이다. 그러면 흑 1 의 껴붙임이 있다.

백 4 에는 흑 5 이다. 이것은 귀가 엷지 않아서 확정지로 본다. 일응 만족스런 결과이다. 백에도 하나의 수단이 필요하다.

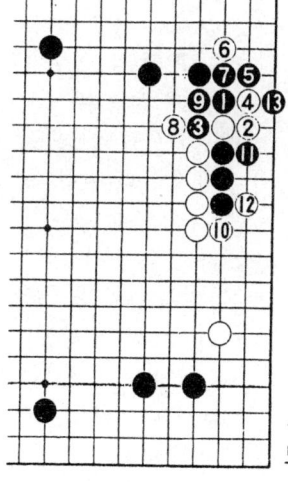

11도
도

11도 백 2 의 내려 빠지는 수이다. '2 점을 키워서' 사석으로 이용하는 작전이다. 백 6, 8, 10 다음에 12의 곳의 젖힘까지이다.

이 모양에서는 침입의 결과가 십분 좋지 않다.

제 4 형 접바둑의 침입 (4)

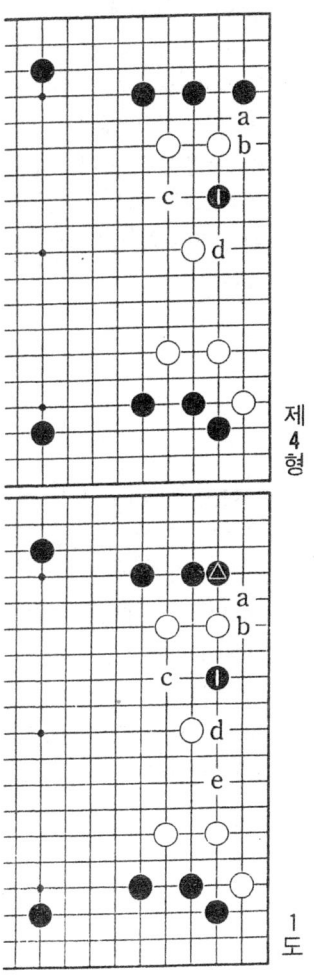

제 4 형

1 도

앞에서 나온 모양과 비슷하다. 백이 모양을 완전히 갖추기 전에 혹 1로 침입하여 수단의 여지를 구한다.

백이 지키면 확정지가 된다. 흑 1이 오기 전에 백이 a의 곳에 마늘모 붙임을 하였다면 흑 1의 침입은 고전이다.

어쨌거나 이 싯점에서 흑 1은 b의 곳과 c의 곳을 맞보기로 하고 있다.

1도 흑▲의 철수가 있는 것도 같다. 여기에서 백 a라면 물론 c와 d의 곳이 남는다. 이런 곳에서는 e의 곳에 재차 침입을 하는 수단도 있다.

이곳은 모양이 완성되기 이전이므로 엄한 침입이라고 말할 수 있다.

흑▲가 다음의 진행을 유발시킨다.

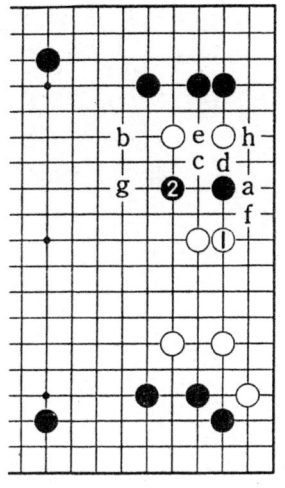

2 도

2 도 백 1 로 한쪽을 지키면 흑 2 로 뛴다. 물론 이곳에서의 변화는 다채롭다. 한마디로 결정을 내릴 수는 없다.

백은 a의 건너감과 b의 곳을 뛰는 수가 있다. 백 a에 대하여는 흑 c,백 d, 흑 e로 돌파한다. 백 b에 대하여는 흑 g로추격을 하거나 h의 건너감도 있다.

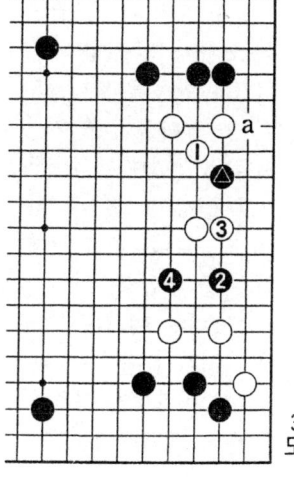

3 도

3 도 백 1은 a의 곳을 건너감을 방지하는 수단이다.

흑 2의 다시 침입에서 4 까지이다. 흑 ▲를 사석으로 처리한다.

그러나 흑 쪽에서는 2에서 4까지의 진행으로 백 3점을 위협할 수 있기 때문에 결코 불리한 바둑이라고 볼 수 없을 것이다.

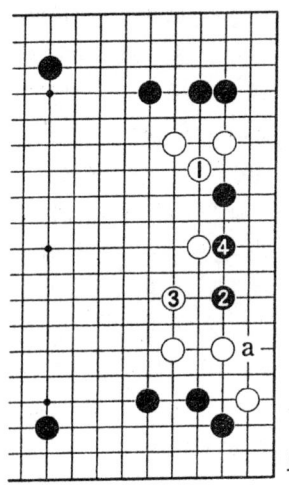

4 도

4 도 백 3 의 모자씌움
에는 흑 4 의 붙임이 있다.
백은 뼈대만 남아있는 모
양이다. 다음 a의 곳을
붙이는 점에 주의하여야
한다.

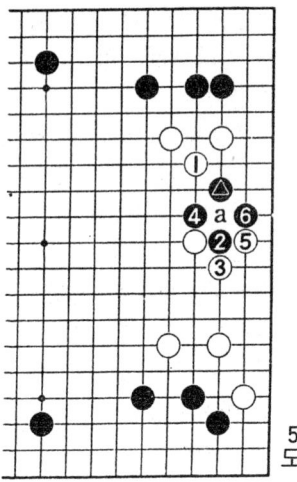

5 도

5 도 백 1 의 마늘모
는 모양이다. 흑 ▲ 는 사
석으로 이용을 한다. 흑
은 2, 4 다음에 6 까지
패를 유발한다. 전추적
으로 신경이 쓰이게 하
는 모양이다. 백 a의 때
림은 좋지 않다.

그렇다면 여기에서 가
장 적절한 다음 수는 어
떤 곳일까 ? 수읽기의 힘
을 빌어 생각해 보자.

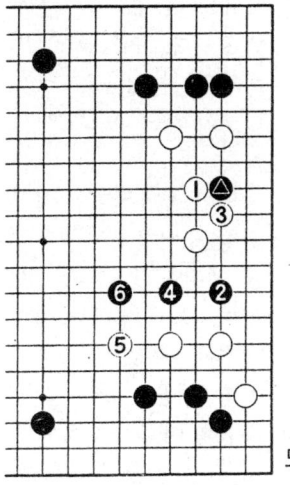

6 도

6도 지금은 백1의 붙임이다 실전에서 잘 나타나는 모양이다. 여기에서는 흑▲를 사석으로 하여 압박을 한다.

백3에는 이하 4, 6 까지 나가서 자신있게 싸운다.

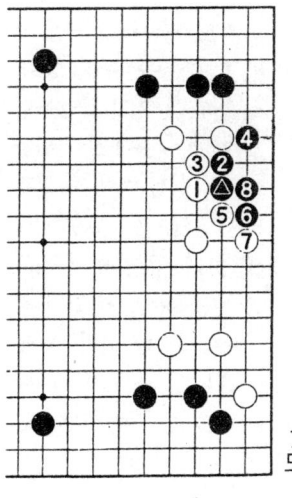

7 도

7도 이 백1에 대하여 흑▲를 사석으로 이용하지 않으면 8까지가 예상된다.

침입의 결과로서 의외의 알기쉬운 결과임을 잘 나타내고 있다.

여기에서 특히 백5는 좋은 모양을 유도해주고 있다는 사실을 알아야 한다. 흑6의 젖힘에는 백7의 막음으로 백은 더욱 좋은 모양을 갖게 된다.

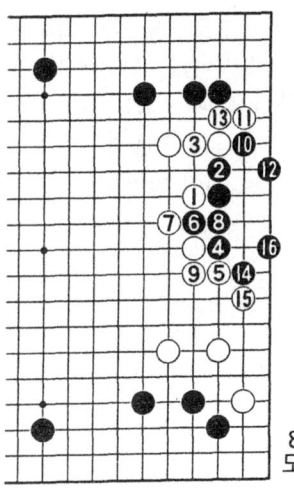

8도

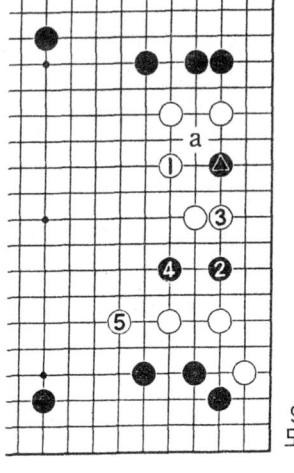

9도

8도 강경하게 둔다면 백 3이다. 이것은 흑 16까지 살지 않으면 안된다. 이것도 하나의 예이다.

특히 흑 4이하는 살기 위한 수단으로서의 수순을 생각하지 않으면 안된다. 흑 6의 저돌적인 공격에 대해 백은 7로 가볍게 문단속을 하고, 흑 8의 이음에는 백도 역시 9로 벽을 튼튼히 쌓는다.

9도 붙이는 수로는 백 1에 두는 수도 있다. 다음에 흑 2의 침입이다. 백 3에는 흑 4로 뛰어 나간다. 5까지 된 결과에서 a의 곳 보다는 1의 곳에 두는 수가 훨씬 유리함을 알 수 있다.

똑같은 한 수의 진행이라도 그 위치에 따라서 효과는 많이 달라진다.

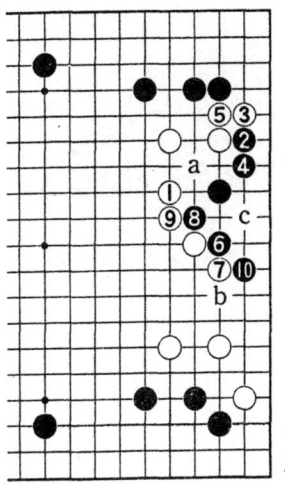

10도

10도 여기에서 백1 로 두는 수도 있다. 그러면 흑2가 성립한다. 백이 3으로 막으면 흑도 간단히 산다. 평범하게 6, 8에서 10의 젖힘까지이다. 백b에는 흑c이다.

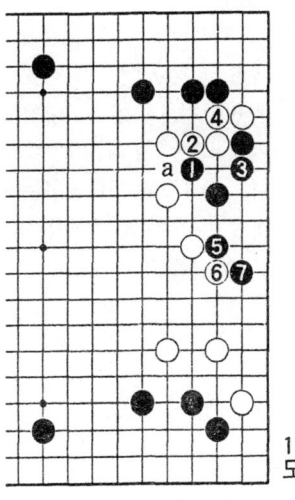

11도

11도 욕심을 부리자면 흑1에서 3까지이다. a의 곳을 나가는 수가 남는다. 흑5, 7의 2단젖힘으로 산다.

이와같이 사는 것은 그다지 어려운 일은 아니다. 그러나 백에 있어서도 흑을 방해하는 수단이 없는 것은 아니다. 여기에서 가장 중요한 것은 수순이다. 맥점을 찾아서 적절한 수순을 밟는 것이 중요하다.

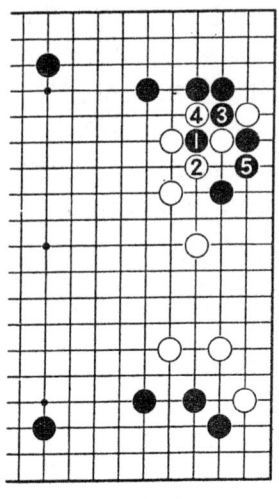

12도

12도 아래쪽 붙임에 대하여 흑 1 로 끼우는 맥이 있다.

백 2 에는 흑 3, 5 로 건너간다. 간단히 해결 이 된다.

충분한 움직임이다.

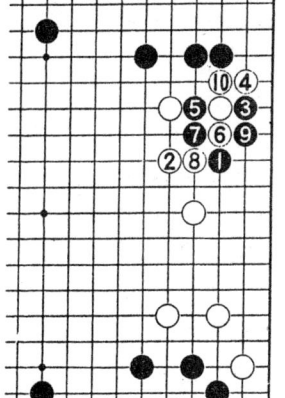

13도

13도 최강의 저항은 흑 5 의 끼움에 대하여 백 6 이다. 흑 7 로 나가 면 아래쪽 9 의 단수이 다. 흑 9 로 10의 단수는 백 9 로 잡아서 실패이다. 백 10 다음에 ―

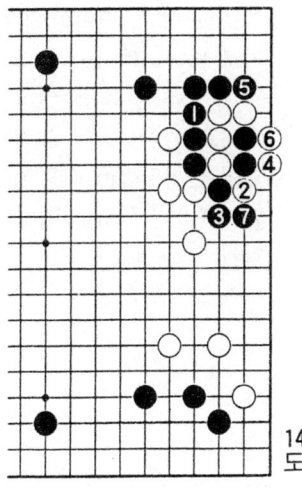

14도 흑 1 의 이음이
다. 백도 2 의 한 수이
다. 백 4 로 2 점을 잡을
때 5, 7 로 공격을 한다.

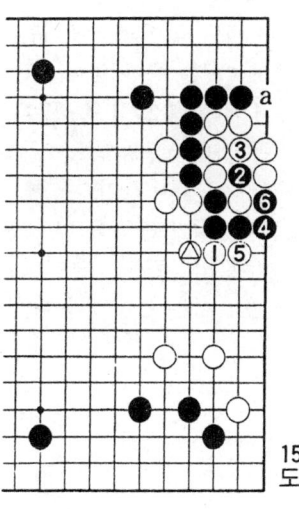

15도 백 1 에 흑 2 의
먹여치기가 맥이다. 단
순히 4 의 곳을 내려서
는 것은 백 2 로 공격을
한다. 또 백 3 을 6 의
곳에 두는 것은 흑은 a
로 공격을 한다.

결국 6 까지 패이다.
패는 흑이 선수여서 유
리하다. 이후는 팻감이
문제이다.

이 패에 자신이 없다
면 흑도 맨처음에 그렇
게 두지를 않는다. 백 △
가 없는 모양에서는 무
조건 성립한다.

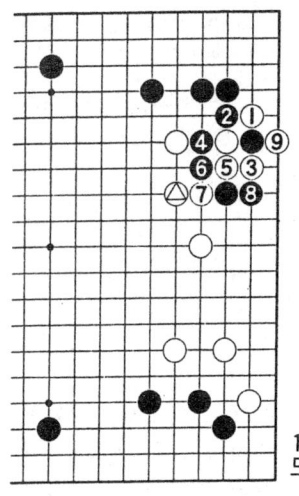

16도 다른 변화를 보기로 하자. 백 1에 흑 2로 두면은 다음에 백 3 이하로 싸운다. 백⚉가 있어 안성맞춤의 모양이다. 흑 2의 끊음은 빈삼각의 나쁜 모양이다.

흑 8, 백 9 다음—

16도

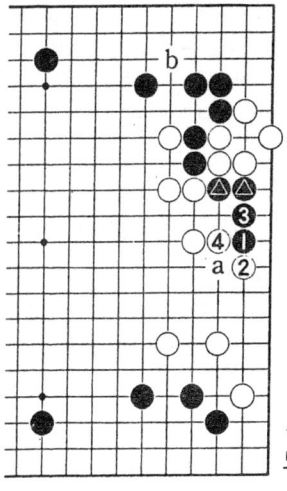

17도 이런 배치에서는 흑에게는 수가 없다. 흑 1에는 백 2, 4로 공격을 한다. 흑 3으로 a의 젖힘은 건너간다. 흑⚉의 2점이 잡힌다. 이 국면은 b의 곳을 들여다보고 사는 맛이 남는다.

17도

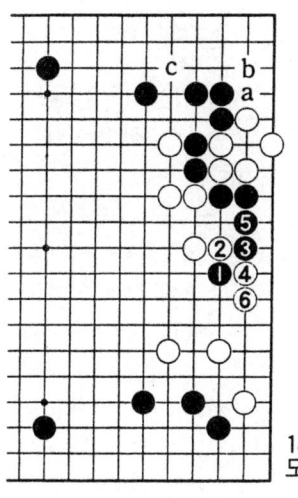

18
도

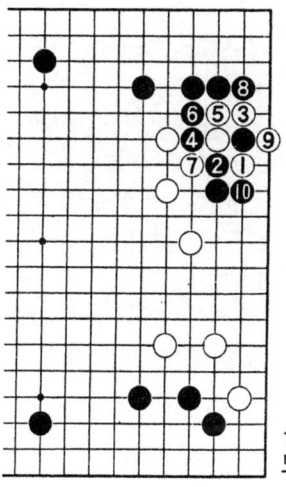

19
도

18도 흑1에 뛰는 수도 같다. 백은 2, 4로 돌을 잡는다. 전술하였 듯이 귀는 백a, 흑b, 백c이다.

이때 흑이 어떻게 응수하느냐에 따라서 오른쪽 웃변의 판도가 달라진다. 흑이 만약 백c에 주안점을 둔다면 흑b쪽이 위험해질 수가 있겠고, 그렇다고 흑b쪽에 신경을 쓰다보면 백c의 탈출이 염려된다.

19도 백1의 방향에서부터 젖히는 것은 평범히 2의 곳을 받은 다음에 4, 6으로 때려 흑의 우세이다. 백7까지

이상에서 침입의 여러 문제들을 보았다. 십분 좋은 결과를 얻기 위해서는 침입한 돌의 2개, 3개의 협공으로 확실한 맥을 발견할 수 있어야 한다.

<

제 5 형 접바둑의 침입 (5)

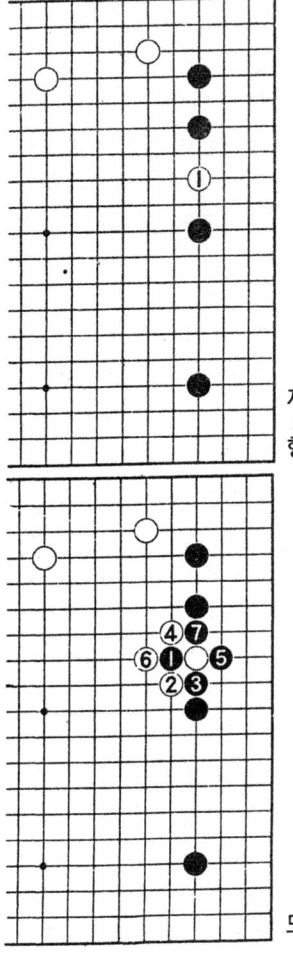

제 5 형

1 도

6점 이상의 접바둑이다. 백1에 침입을 하는 수이다.

이 침입은 하수들에게 공포를 불러 일으키게 한다. 백1에 침입을 하는 것은 무리한 기미가 있다.

흑의 대응은 비교적 간단하다. 많은 사람들이 알고 있지만 복습을 하여 보기로 하자.

1도 흑1로 위쪽의 붙임이다. 이것은 이맥(異筋)이다.

흑3, 5까지 된 결과는 흑이 불리하다.

침입을 한 백돌을 그냥 두어서는 안심할 수가 없다.

공격할 태도를 방기(放棄)할 수는 없다.

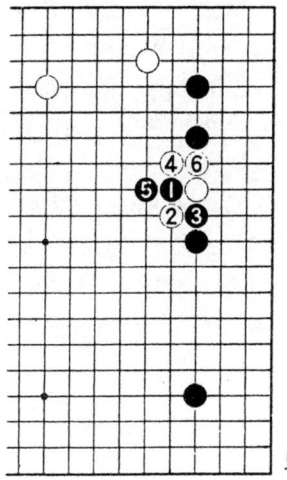

2
도

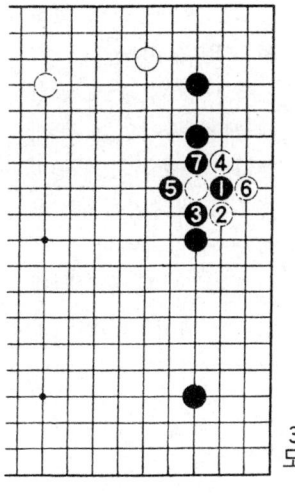

3
도

2도 백4에 흑5의 뻗음이다. 백6의 이음까지이다.

이것은 갈라침을 당한다.

이러한 문제는 실전에서 곧잘 나타난다. 처음 흑1의 머리 누름에 백2의 젖힘은 당연한 수이다. 흑3의 끊음 역시 나쁜 수라고는 볼수 없다. 그러나 백4의 단수에 흑5의 뻗음이 어쩔 수 없는 괴로운 수이다. 백6은 지극히 당연한 이음이다. 이로써 백은 흑을 나누어 놓을 수가 있게 된 것이다.

3도 흑1의 아래쪽 붙임에서 흑7 까지이다. 이것은 안쪽에서 사는 모양이다.

이렇게 되어서는 흑의 실패이다. 침입을 한 쪽에서는 망외(望外) 의 결과를 얻었다.

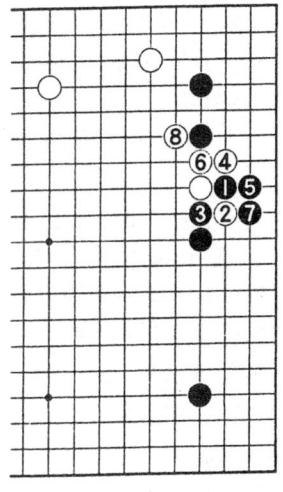

4도 다음 도를 보기
로 하자. 백 4 에 흑 5
의 내려섬, 백 4, 6 의
이음으로 균열이 된 모
양이다.

다음 백 8 의 젖힘이
다. 귀의 곳 한칸 뜀이
약한 모양이다. 침입을
한 돌이 견고하지는 않
다.

4
도

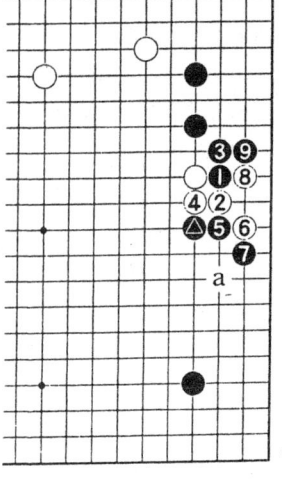

5도 이 도면도 균열
된 모양의 하나이다.

흑 1, 3 의 붙여 끝음
에 백 4 로 이어 크게 나
쁘다. 흑 ▲ 가 약하다.
흑 5 의 내려섬에서   9
까지 된 결과이다.

흑 a 로 지킬 수 밖에
없는데 백의 모양이 두
터워 만족이다.

5
도

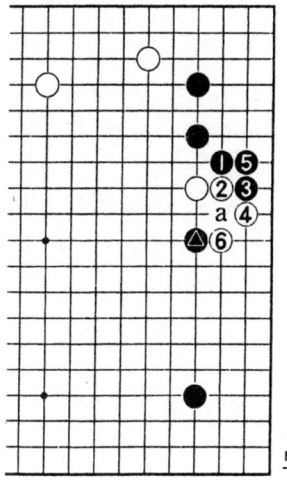

6도

6도 지금의 도에서는 약한 기운의 일례이다. 흑 1의 마늘모는 귀를 지키는 의식이다. 흑 3, 5의 젖힘 까지이다. 백 6 까지이다. 흑● 가 뜬 돌이 됨을 주목하여야 한다. 흑 3으로 a의 곳 마늘모 붙임에는 백이 5나 4의 양쪽에 젖히는 초심자가 두는 모양이다.

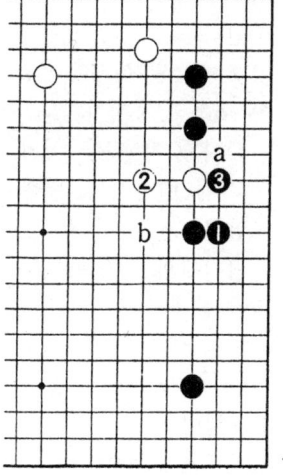

7도

7도 같은 지킴이지만 흑 1의 내려섬이다. 백 2에는 흑 3이다. 백 2로 a의 곳 마늘모도 주의하여야 한다.

흑이 아래쪽을 중시한다면 흑 3으로는 b의 곳 뜀이다.

백 2, 흑 b도 나쁘지 않다.

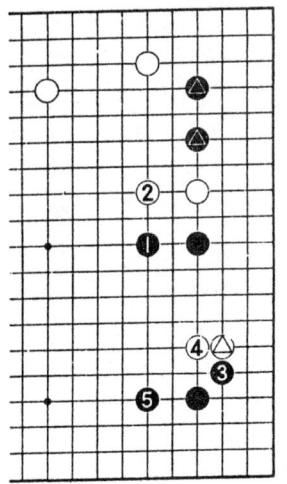

8도

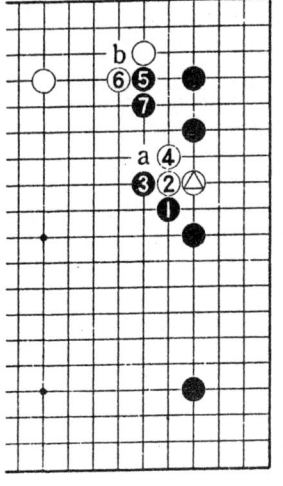

9도

8도 흑1의 뜀은 어 떨까? 흑⚫표 2점의 타개는 뒤로 돌리고 아 래쪽을 중시한 점이다. 백⚪에 흑3, 5로 공격 하여 최초의 움직임이다.

부분적으로는 만족이 나 대세에 뒤떨어진다.

9도 이곳에서 둔다 면 흑1의 마늘모이다. 침입을 한 백⚪를 공격 하여 나간다.

백2에는 흑3이다. 백4 다음에 5의 곳을 붙인다.

7까지 된 싯점에서 a 와 b가 맞보기이다.

백이 4의 곳을 나가 는 것은 빈삼각의 나쁜 모양이다.

여기에서는 흑a의 젖 힘이 문제이다.

만약 b의 곳을 잇게 되면 완전히 a의 곳을 봉쇄한다.

이것이 요령이다.

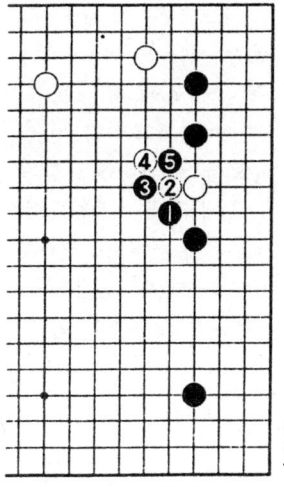

10
도

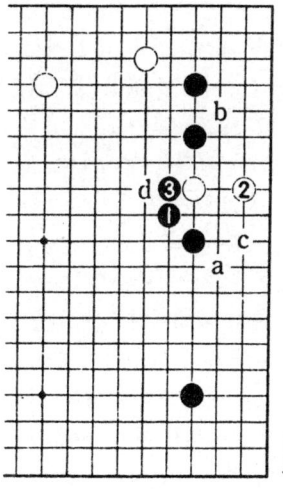

11
도

10도 백 4 의 젖힘에서 단호히 흑 5 의 끊음이다.

흑의 모양이 약하여 백이 살 수 있다.

여기서 다시 한 번 생각해 보자. 백 한 점에 대한 공격으로 흑 1 의 마늘모 붙임이 이루어졌다. 백 2 의 세움은 당연한 응수이다. 흑은 3 으로 계속 백의 머리를 젖혀 눌렀다. 다음에 백은 곧장 이어나가지 않고 4 로 젖혀나간 것이다. 이때 흑 5 의 끊음이 결정된 것이다.

11도 백은 9 도에서 두는 수로 아래쪽의 한 칸 뜀이다.

백 2 의 곳이다. 흑 3 으로 누른다. 백 a 나 b 로 사는 수를 도모한다. 흑 3 으로는 c 도 있다. 다음에 백 3 으로는 흑 d 이다.

44

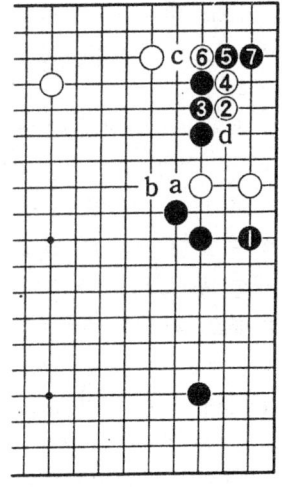

12도
도

12도 흑 1 로 두는 수
에서 백 a는 흑 b이다.
결국 백 2 에 침입을 하
여 삶을 도모한다. 흑은
두텁게 응수하여 나간다.
백 4에 흑 5, 백은 6
의 곳 끊음이다. 흑 7 의
내려 빠짐이 냉정하다.
c와 d가 맞보기이다.

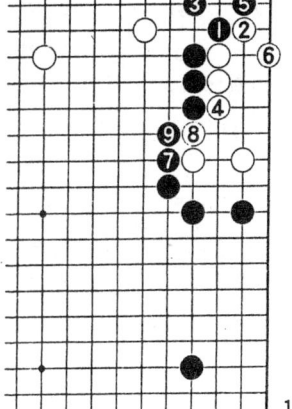

13도
도

13도 백이 2 의 곳을
젖히면 흑 3 다음에 백
은 4 의 곳에 되돌아간
다. 여기서 흑은 중앙을
7, 9로 막는다.
이 변화를 알아두는 것
이 요령이다.
또한 흑 5 의 막음이
귀를 지키는 유일한 수
단이 된다. 백 6은 삶을
획책하는 당연한 수순이
다. 이 그림의 변화는 서
로 무리가 없는 진행이
라 할 수 있다.

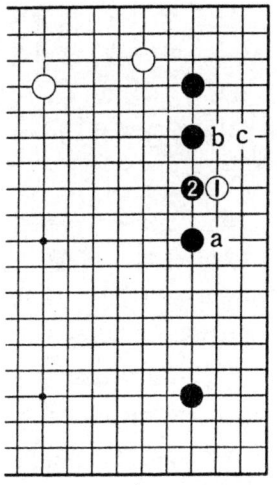

14
도

14도 이상에서 4선의 높은 침입을 살펴보았다.

다음은 백 1로 3선의 침입이다. 이곳은 너무 깊다는 침입이다. 이 점으로 인하여 흑은 두터운 모양을 만든다. 요는 침입을 한 백돌을 잡지 않은 대신으로 작게 살려줄 방침이다.

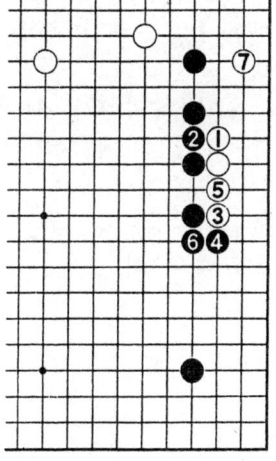

15
도

15도 백 1의 들여다 보는 수도 하나의 예이다. 이것은 백 7까지 산다.

흑도 외곽이 두터워 호각의 갈림이다. 흑 2를 5의 곳에 내림도 가능하다.

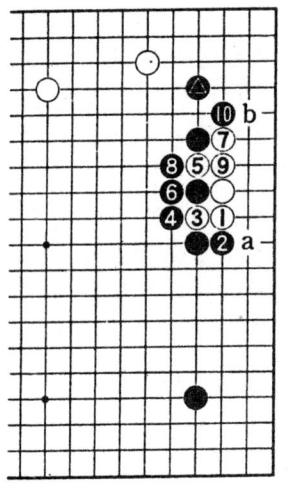

16
도

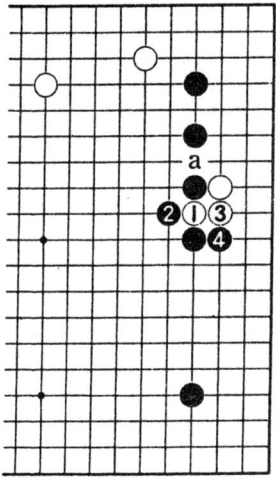

17
도

16도 백 1 의 방향으로 뻗으면 흑 2 로 내려 선다.

이것은 특수한 경우에 두는 케이스이다.

백 3, 5 에는 흑 6 의 이음이 좋다. 흑◉가 안성맞춤 이어서 흑10 까지 막는다. 백은 a나 b의 양쪽 젖힘으로 살아 야 하는데 이것은 흑의 모양이 두텁고 약점이 없다.

17도 뻗는 수 대신 둔 다면 1 의 곳의 끼움이 다.

흑 2 의 단수에서 백 3, 흑 4 이다. 백 a 이하 는 전도와 같다. 백 3 으 로 a의 곳 단수는 흑 3 으로 때려낸다.

eserved

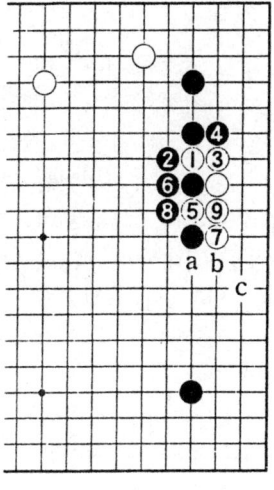

18도 백 1의 방향에 집어 넣으면 이것은 5, 7까지이다.

흑a로 뻗지 않을 수가 없다. 그러면 백은 b의 곳을 늘던가 c의 곳을 둔다. 이 도는 16도의 봉쇄를 피할 수 있어 백도 일응 좋다.

18도

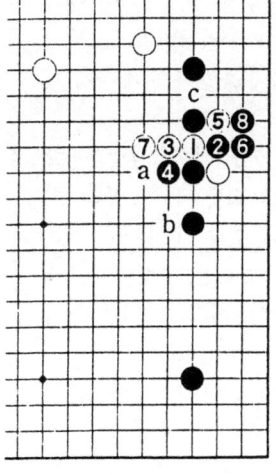

19도 백 1의 끼움에 대해서 흑도 2의 곳을 두는 수가 있다.

이것은 흑집이 두터운 현상이다. 백 3에는 흑 4이다.

흑 8까지 일단락이다. 백a의 호점에는 흑b로 둔다. 흑도 두터움이 효력을 발생한다.

19도

정석 후의 침입(1)

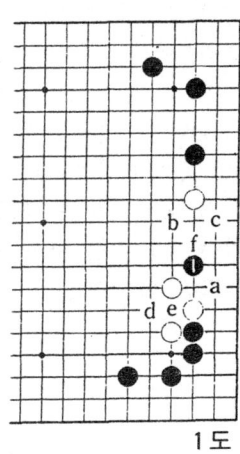

1 도

1 도 소목에서의 대표적인 정석으로 흑1이 급소이다. 이 침입은 건너가는 수와 파괴하는 수를 엿본다. 백a의 마늘모가 절대이다. 백a에 흑은 b나 c이다. 윗쪽이냐 아랫쪽이냐의 2 갈래의 길이다.

흑d, 백e의 이음이 있다면 1의 곳 침입은 좋지 않다. 이때는 f의 곳의 침입을 노려야 한다.

흑1의 침입으로 중반전에 돌입하는 경우가 많다.

2 도 백이 침입을 방지하려면 1의 곳을 뛰어나가는 수이다. 백a의 젖힘은 취향이다.

백a에서 백b, 흑c, 백d가 있다.

백a는 제 2 장에 등장을 한다.

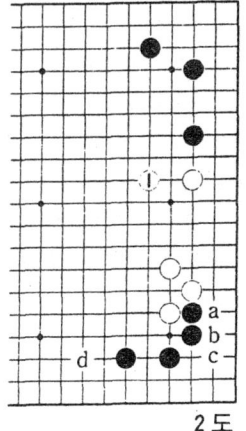

2 도

정석후의 침입(2)

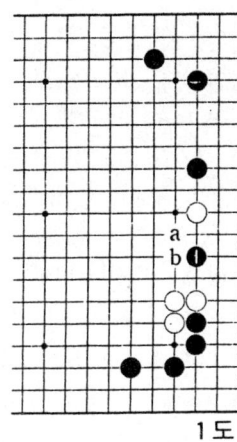

1 도

2 도

1도 흑1의 침입은 앞 문제와 형제라고 할 수 있다. 이 침입은 파괴력이 있다.

백a의 마늘모에는 흑b로 받는다. 백a는 무리이다.

결과적으로 흑1의 침입으로 말미암아 백은 양쪽으로 갈리는 운명의 기로에 놓이게 되었다. 윗쪽의 백 한 점도, 아랫쪽의 백 세 점도 모두 흑1로 생존의 위협까지 받게 된 것이다.

2도 흑⬤의 마늘모 정석이라면, 흑1이면 백은 2의 곳을 부딪히는 수가 맥이다.

흑a에는 백b의 끊음에서 c까지이다.

이 공방은 제2장에서 자세히 설명하기로 한다.

제 6 형 걸침에서 3·3

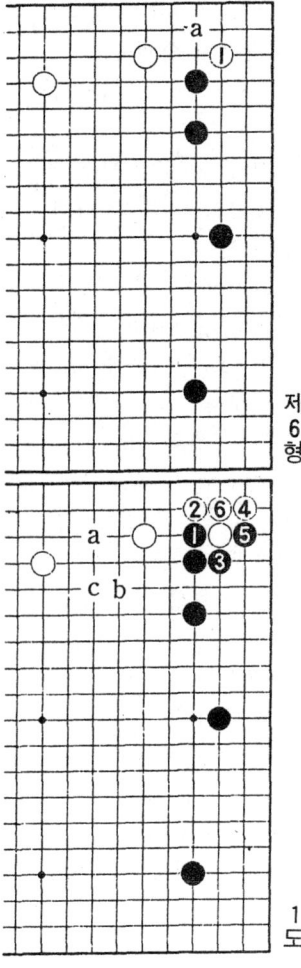

제 6 형

1 도

걸침에는 귀의 3·3 침입이다. 흑a와의 차이는 너무나 크다. 중반에 시기를 보아서 둔다.

흑의 응대는 2가지이다. 선수를 취하느냐 외세를 강화하느냐이다.

1 도 흑 1 의 내려섬이다. 백 2 에는 흑 3 이다.

이어서 백 4 에는 흑 5 로 단수한다.

백 6 까지 정석의 갈림이다.

이 다음에는 웃변의 다툼이 남는다. 흑 a 의 침입이 예상된다. 백 b 의 막음에는 흑 c 의 한 칸 뜀이 결정적인 수이며, 만약 백이 c 로 막으면 흑은 b 로 뛰어 귀의 백을 위협할 공산이 크다.

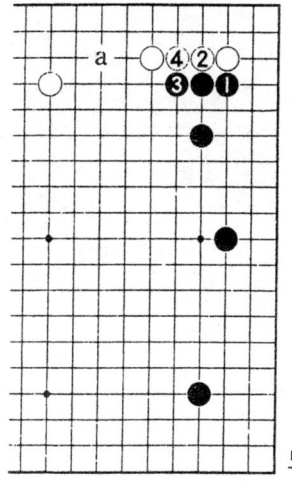

2도

이것은 흑이 다른 큰 곳에 되돌아 가려는 의 도이다.

이 정석을 알지 못한다 면 장래 a의 곳 침입밖 에는 없다. 흑b나 c이다.

2도 초보적인 도이 다. 흑1은 백2, 4이다. 백의 모양이 크다. 전도 에 비할 수가 없다. 나 중에 흑a의 침입이 있 다.

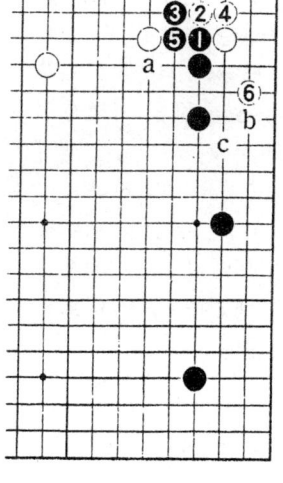

3도

3도 외세를 강화한다 면 흑3의 차단이다. 이 다음 백6까지 기본적 인 수순이다. 백은 귀에 서 산다.

이 다음 상변을 중시 한다면 흑a의 젖힘이 본수이다.

또는 흑c의 마늘모는 모양이다.

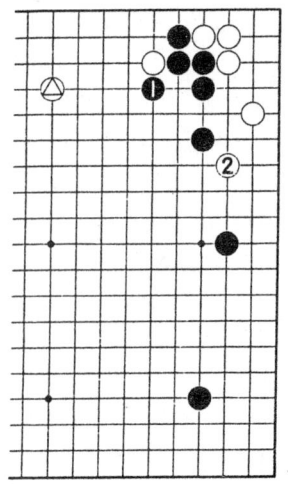

4 도

4 도 흑 1 은 상변을
강화한 점이다. 백△가
있기에 공격의 의미가
다분하다. 그러면 백은
2의 곳을 둔다. 흑 1 의
선택은 백△를 약하게
만들려는 의도이다. 흑
1이 본수로 두터움을
발휘한다.

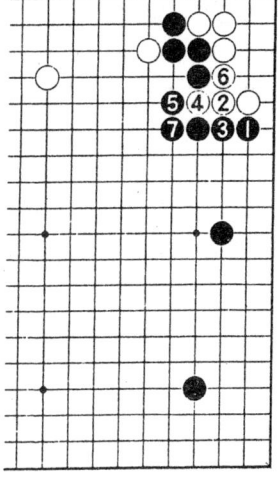

5 도

5 도 흑 1 의 차단은
우변을 중시한 점이다.
백 2, 4 의 돌파 다음
에 6의 곳을 이으면 흑
도 7 로 잇는다. 백이
선수임을 주목하다.

백 2, 흑 3 을 방치하
면 귀에서 패가 난다. 또
한 백 6 을 두지 않으면
죽는다.

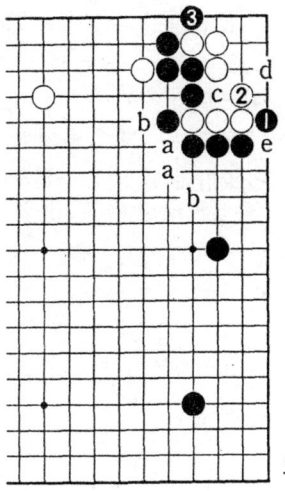

6도

6도 5도의 백6을 두지 않으면 이것은 간단히 죽는다. 흑1의 젖힘에서 3의 젖힘까지이다.

백a에 돌이 있고 b에 흑돌이 있다면 흑1로는 c, 백2, 흑1의 젖힘, 백d, 흑e로 4점을 잡는 수단이 있다.

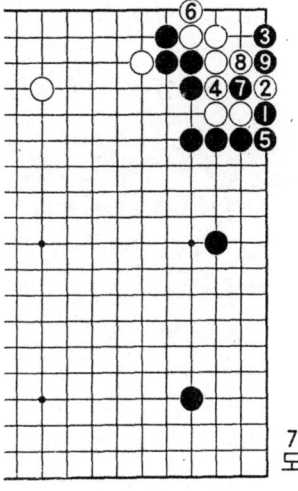

7도

7도 5도에서 백4, 6을 두지 않으면 흑1의 젖힘에서 3의 치중까지이다. 흑9까지 쌍방 최선의 수순이다.

백2의 젖혀막음은 당연한 수순이다. 흑3의 침입에 백4의 이어막음도 역시 자연스러운 진행이다. 흑은 5로 잇지 않을 수 없다. 이에 대해서 백은 6으로 막아서 흑6을 방지한다. 흑7의 단수에는 백8로 따내지 않을 수 없다.

54

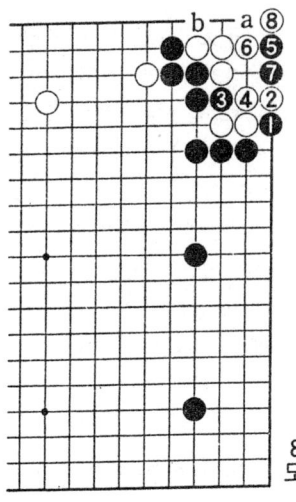

8도

8도 흑1 다음에 3 으로 나가는 수는 없다. 이것은 실패이다.

흑5의 치중이 유일한 급소인데 백6에서 8까 지 두는 수가 있다. 이것 은 뒤떨구기로 사는 모 양이다.

백8 다음에 흑a로·때 리거나 b로 두어도 잡을 수가 없다.

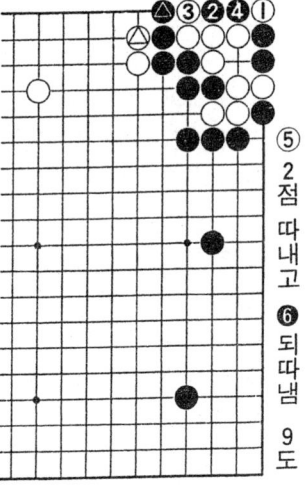

2점 따내고

6 되따냄

9도

9도 여기에서 백△ 와 흑▲의 교환이 있다 면 백1로 두어도 흑2 의 맥이 있어 귀곡사로 죽는다.

흑2에 대해서 백은 당연히 3으로 막아둔다. 흑은 4를 날려서 귀의 백 한 점을 따낸다. 백 은 5로 1의 곳에 두어 흑 두 점을 따낸다. 그 러면 흑은 6으로 4의 곳에 두어 백 한 점을 되따내지 않을 수 없다.

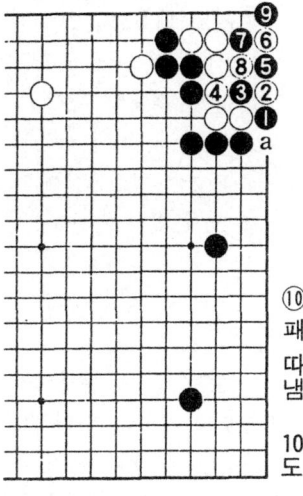

10도 흑 1 의 젖힘에서 3 의 끊음까지이다.

백 4 는 당연하다. 흑 5 에는 백 6 이다. 결국 백10까지 패가 난다. 이 패는 흑이 부담이다.

⑩ 패 따냄

10
도

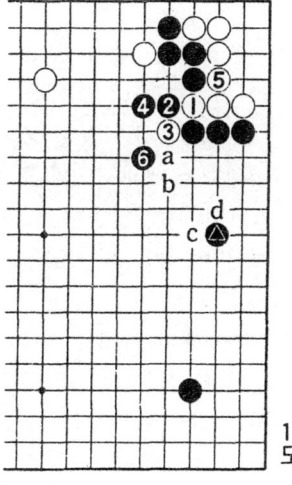

11
도

11도 백 1 에 나가면 5도의 변화이다. 백 3 의 끊음이 첨가되어 있다. 흑은 6 으로 벌려 잡는다.

백 a 는 흑 b 이하로 추격하여 한 수 늘어진 패이다.

백에서는 d의 곳 등에 두어서 교환하는 맛이 있다.

흑▲가 c에 있다면 잡지 못한다.

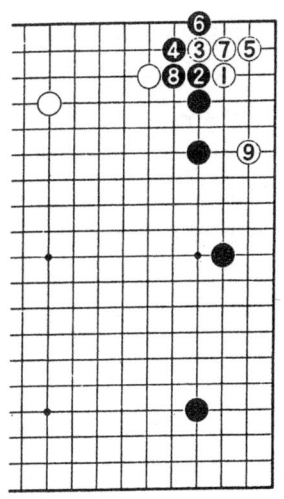

12
도

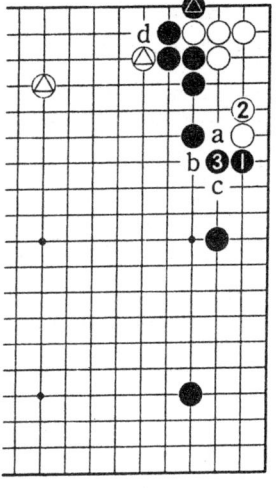

13
도

12도 백 5 에 벌려 이음이다. 이것은 9 까지 한길 더 전개를 한다.

흑에서는 6 의 곳의 단수 다음에 8 로 잇지 않을 수가 없다.

13도 이 모양에서는 흑 1 의 저지가 있다. 작지 않은 곳이다. 먼저 날일자로 둔다면 저지할 수가 없다.

백에서 a, 흑 b, 백 c 의 진출도 같다.

흑▲ 가 단수를 한 모양에서는 백에서 d의 곳을 내려서지 않는다. 이것이 벌려이음의 약점이다.

한길과의 차이가 d 의 곳이 단점이 된다. 일반적으로는 이 단점을 크게 보지 않는다. 이것은

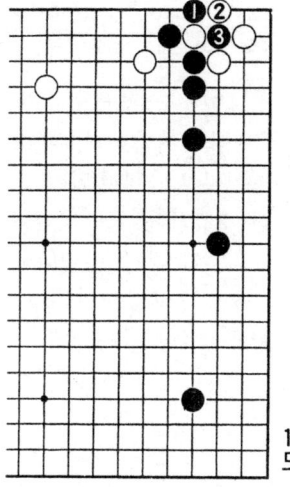

모두다 취향에 속한다. 그러나 상변에 관련이 있다면 중대한 문제이다. 백도 상변에 백 ⓐ의 2점을 중시하지 않는다면 이 정석을 택한다.

14도 흑 1의 단수에 백 2의 패로 받음도 있다. 손을 빼면 백의 대손해이다.

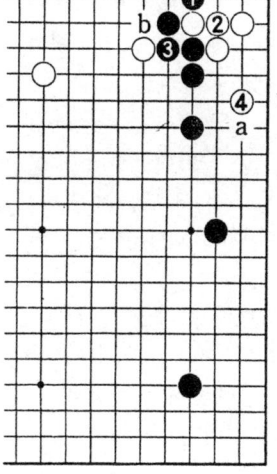

15도 벌려 이음에서 백 4의 날일자는 모순이 아닐 수 없다. 그렇다면 벌려이음의 의미가 없다. 흑 a로 저지하여도 백 b로 둘 수가 없다.

제 7 형 마늘모 붙임과 3·3

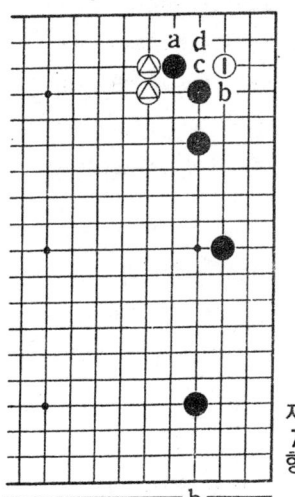

제 7 형

1 도

흑이 마늘모 붙임에서 3·3의 침입이다. 접바둑이나 호선에서 많이 두는 모양이다.

외부의 백 ◎가 있어 흑a의 내려섬이 있는 곳인데 백은 흑b나 c의곳에 둔다. 흑d의 특수전법도 있다.

자연스러운 흐름은 흑a, 백b이다. 이 2곳을 보면 a의 방향이 본선이다. 비율로는 a의 내려섬으로 둔다.

1 도 흑1은 집을 강조한 수이다. 백2의 젖힘에서 3, 5까지이다. 백◎가 있어 1을 택한다.

백이 모양을 결정하려면 백4, 흑5이다. 다음에 백에서는 a의곳의 끝내기가 남는다.

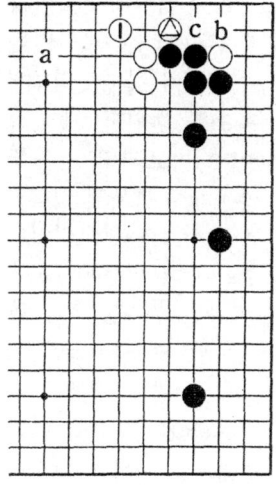

2
도

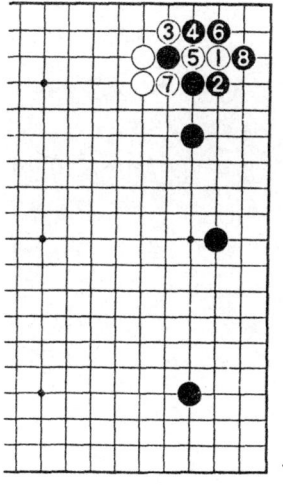

3
도

2도 모양을 결정하지 않으려면 백 1 이다.

백△의 젖힘은 장래 함축성이 남는다. a의 방면에 대하여는 백 1의 벌려 이음이 유력하다. 백 1은 동시에 b의 곳을 내리는 수를 노린다. 백 1에 돌이 가지 않는다면 b나 c가 있다.

3도 철저하게 집을 추구하려면 흑 4의 젖힘에서 8까지가 정석이다.

이것은 공방을 완전히 매듭짓는 전법이다.

백 1의 3·3 침입에 대해 흑 2의 내려섬은 당연한 수순이다. 백 3의 날일자 붙임에 흑 4의 젖힘수가 호수이다. 백 5의 단수에는 흑 6으로 응수한다. 이에 대해 백은 7로 흑 한 점을 따낸다. 흑 8의 넘어감은 당연한 수.

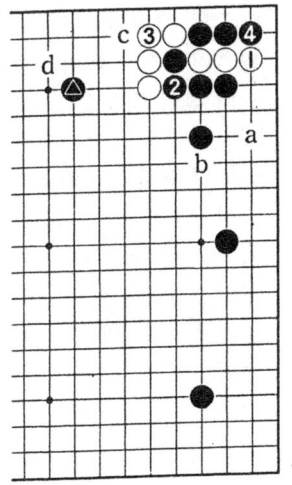

4도

4도 여기에서 외길을 본다면 전도는 변화의 여지가 있다. 전도의 흑6을 손빼면 백1에 뻗어나가고 3의 곳을 잇는다. 부분적으로는 흑2, 4로 잡는 모양이다. 그러나 이 다음에 a나 b등에 교란하는 수가 있다. 백1로 c의 곳을 두는 것은 흑1이다.

흑▲가 두어 있는 상태에서는 맛이 나쁘다.

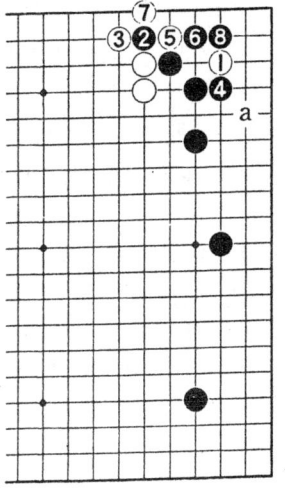

5도

5도 흑2로 젖히고 4의 곳을 두는 것은 백을 두텁게 하는 전법이다.

백3으로는 a의 곳에 나가면 산다.

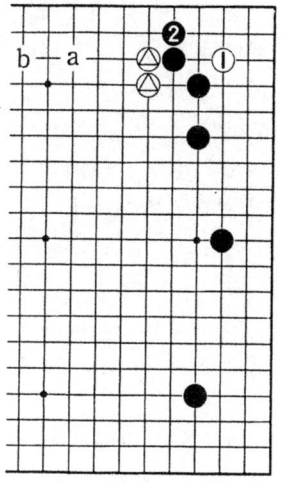

6도

6도 자, 다음을 보기
로 하자. 흑2의 내려
섬이다.

이 모양에서의 변화
이다. 흑2는 백△의 엷
음을 염두에 둔 수이다.
백a의 곳 2칸 벌림이
있다면 흑b로 다가선다.
이것은 귀가 너무 깨어
져 손해이다.

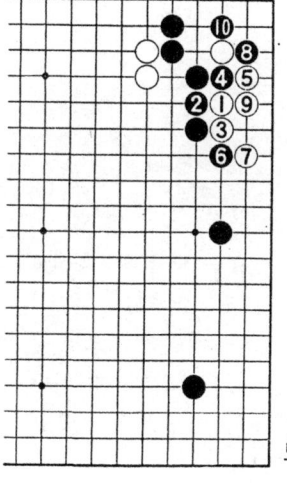

7도

7도 흑이 내려선다
면 백은 살아야 하는 것
은 너무나 당연하다.

백1이 급소이다. 흑
2에는 3이하 흑10까지
하나의 정석이다.

흑4로 내려섬에 백은
5로 젖혀막음이 당연한
수순이다. 흑은 6으로
젖혀막아 백을 위협했다.
이에 대해 백은 7로 젖
히고, 흑8에는 백9로
이었다. 흑10의 단수는
꼭 필요한 수순이다.

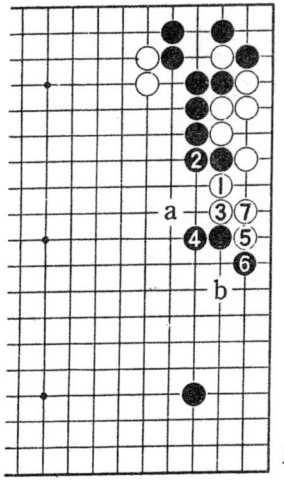

8도

8도 전도에서 귀를 확보한 다음이라면 백은 변에서 살지 않으면 안된다.

백 1의 단수에서 3의 부딪힘까지이다. 흑 4에는 5, 7로 젖혀 잇는다.

여기에서 백 5가 오기 전에 a의 곳에 나가는 맛도 있다.

여기까지 된 모양에서는 b의 곳 보강이 필요하다.

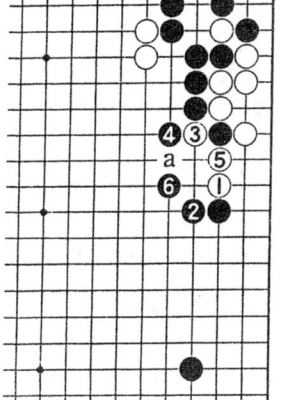

9도

9도 백 1에 부딪히는 수도 맥이다.

흑 2에는 백 3으로 잡는다. 흑도 6까지 둔다.

a의 곳은 엷은 모양이다.

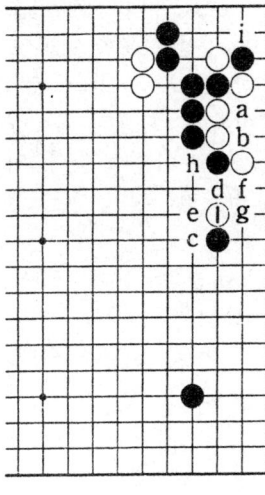

10도

10도 백 1에 부딪히는 수는 a의 곳을 잇기 전이면 더욱 효과적이다.

흑a는 백b, 흑이 따내면 백c의 젖힘이다.

백 1에 흑이 c의 곳을 뻗으면 백b이다. 귀는 i의 곳 끝내기가 남는다.

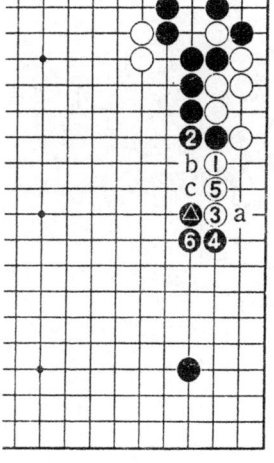

11도

11도 흑가 있을때 백 1에서 3까지 두는 것은 흑 6까지 일단락이다. 흑이 십분 두터운 모양이다.

백 5를 a에 두면 흑b이다.

자연히 중앙이 철벽이 된다.

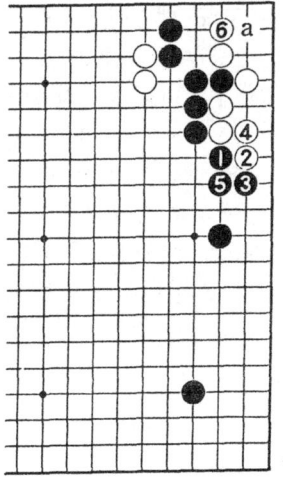

12도 흑이 귀의 1점을 입안에 넣지 않고 둔다면 그것은 변을 중시함이다. 흑3의 2단젖힘으로 차단을 한다. 이것은 전국적인 판단에 서이다.

백6은 a보다 크다. 여기서는 중앙이 급한 곳이어서 6이나 a는 손을 뺀다.

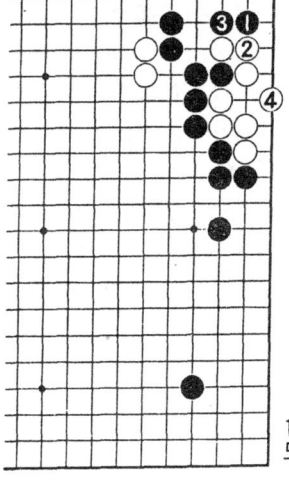

13도 백은 어떻게 두어도 산다.

여기서 흑1, 3이면 백은 4까지 산다. 귀에서 흑의 1집은 3집의 가치가 있다.

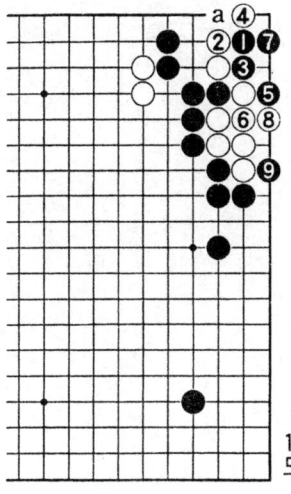

14도

14도 백 2로 막는 것
은 무리이다. 흑 3 다음
에 이하 9까지 외길의
수순으로 패가 난다.

백 8로 a는 흑 9의 젖
힘으로 죽는다.

13도로 두지 않을 수
없다.

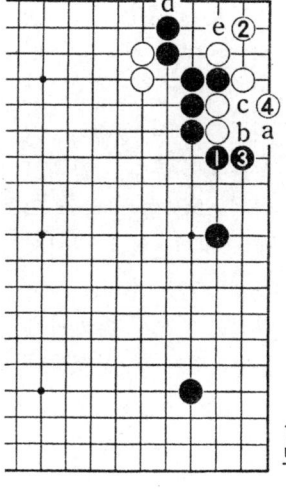

15도

15도 흑 1로 젖힐 때
백이 2의 곳에 벌려서
사는 수가 있다. 이것은
단점이 남는다. 흑 3에
는 백 4가 정수이다. 백
4로는 a의 곳에 두는
수도 있다.

백 a의 모양에서 흑 d
에서 e까지 죽는다.

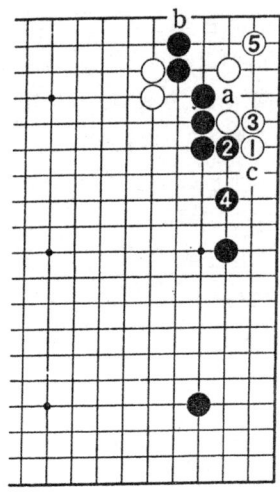

16도 다음에 백은 1의 마늘모이다. 혹은 2의 곳에 부딪히고 4의 한 칸이다.

백은 5의 곳에 두어 산다. 혹4를 c에 두는 것은 맛이 나쁘다.

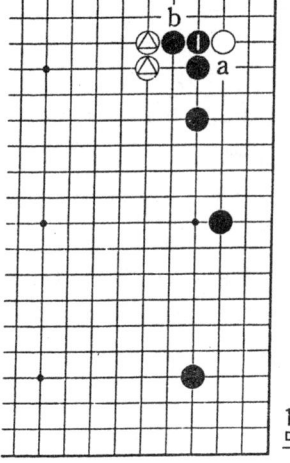

17도 혹1은 불사의 한 맥이다. 이 수는 귀의 백을 최소한으로 살려주면서 백 △를 공격함을 내다본다. 반대로 귀는 맛이 남는다. 백 △에 대하여는 b에 내려섬은 박력이 없다. 귀를 완전히 집으로 하기에는 한 수가 더 필요하다.

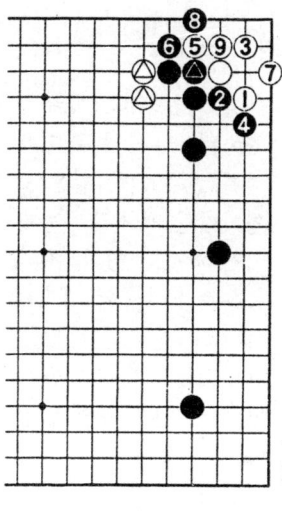

18도 흑▲에 대하여 삶의 행진은 금물이다. 꼭 살아야 한다면 백1이 맥이다. 흑2, 4 이하 백9까지이다. 이것은 최소의 삶이 아닐 수 없다.

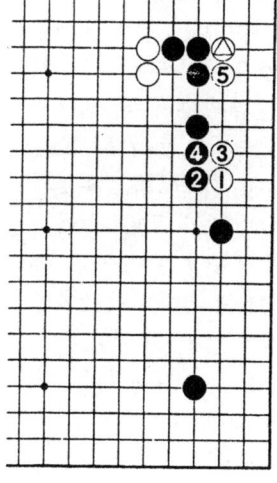

19도 직접 사는 것보다는 백1의 침입이다.

백△를 간접적으로 움직인다.

흑이 귀를 두지 않으면 백도 만족이다.

제 8 형 변에서의 침입

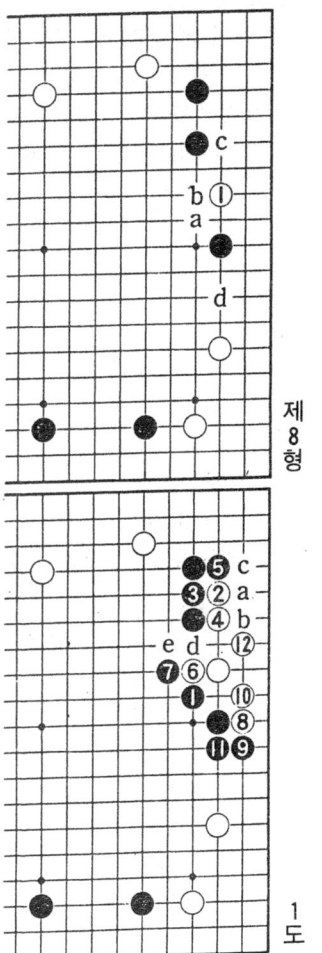

제 8 형

1 도

제 6 형에서는 백의 걸침에서 3·3의 침입에 따른 변화였다. 같은 모양이지만 백 1의 방향에서 침입도 있다. 흑의 응수는 a나 b가 대표적이다. c의 차단이 있는 곳으로 d의 곳에 백돌이 있다면 2선도 문제가 된다.

1 도 흑 1의 마늘모는 강수이다. 백이 죽지는 않지만 외세를 구축하여 우위에 선다.

백 2의 들여다 보는 수로 시작이다. 흑 3의 잇는 수가 두텁다. 여기에서 백 4는 흑 5를 허락하게 된다. 백 12까지 살지 않을 수 없다.

이 다음 흑 a에서 c까지 젖혀 이으면 백 d, 흑 e까지이다.

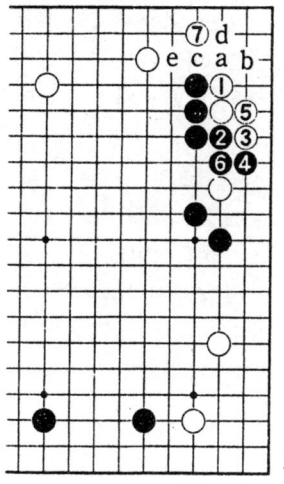

2도

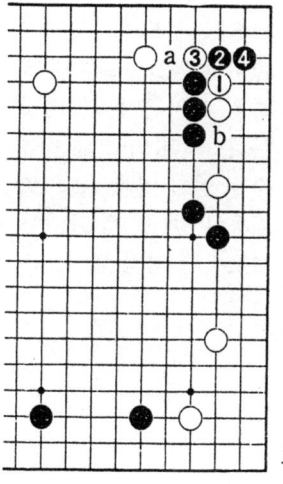

3도

2도 여기에서 백1의 방향으로 뻗는 수도 있다.

흑2의 내려섬은 의문이다. 백은 7까지 좋은 모양을 얻는다.

흑a는 백b, 흑c, 백d로 완전히 건너간다. 백7로 c는 흑e로 건너가지 못한다.

3도 전도는 백의 생각이다. 여기에는 흑이 2, 4로 내리는 수가 있다.

a와b가 맞보기이다. 지금의 도에서는 백이 나쁘다.

백1의 붙임에 흑은 2로 젖혀 막았다. 백은 3으로 끊었으나, 흑은 4로 내려서서 한 판 싸움을 불사했다. 다음 백5의 수순이 문제이다. 만약 백이a에 둔다면 흑은 b에 내려설 것이 틀림없다.

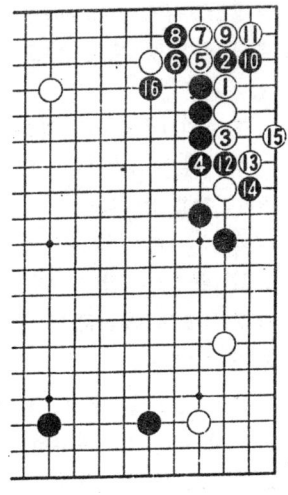

4도 흑2에는 백3
으로 되돌아간다. 여기
에서는 백5의 끊음이
가능하다. 흑6이하 사
석작전으로 나간다. 흑
10으로 2점으로 키우
는 것이 맥이다.

흑14에서 16까지 철
벽을 얻는다. 외세가 위
력을 발휘한다.

**4
도**

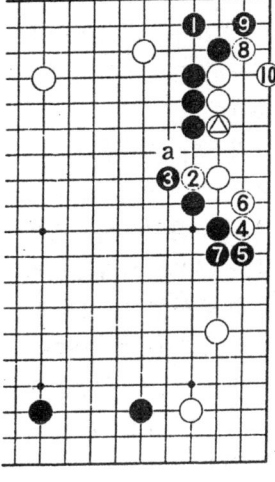

5도 전도의 변화가
싫다면 백△표 다음에
흑은 1의 곳을 벌려잇
는다. 백10으로 살면 선
수를 얻어 다른 곳으로
되돌아 간다. 백a는 현
재로선 두렵지 않다.

**5
도**

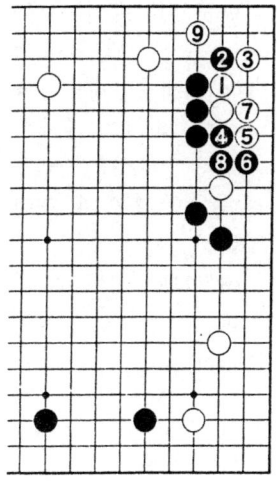

6 도
도

6 도 백에게 변화의 기술이 있다. 흑 2 에는 백 3 의 아래쪽 젖힘이다. 여기에서 흑 4 이면 백 5, 7 다음 9 가 좋은 수이다. 2 도와 같이 맞이 좋은 건넘으로 흑이 불만이다.

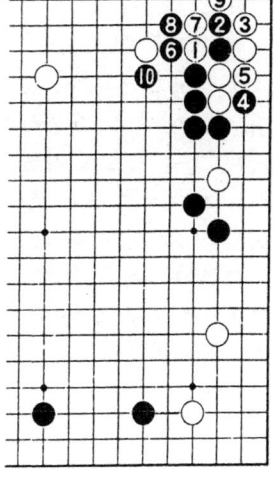

7 도
도

7 도 전도의 백 5 의 변화이다. 백 1 의 끊음은 맥이 아니다. 흑 2 다음에 10까지이다.

이 도와 4 도를 비교하면 엄청난 차이가 난다.

그렇다면 6 도가 맥인가? 다음을 보기로 하자.

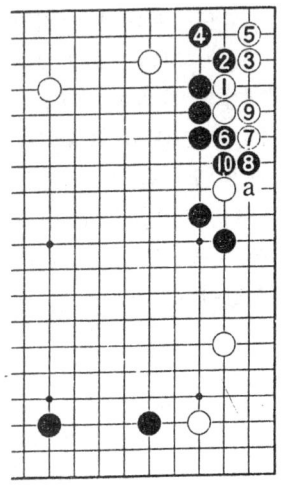

8도

8도 지금에서는 흑의 응수가 문제이다. 백 3의 아래젖힘에는 흑 4이다. 의외로 중대한 장면이 된다. 다음 백 5에 뻗으면 흑 6의 내려섬이다.

이 결과는 6도에 비하여 큰 차이다. 흑의 불만이다.

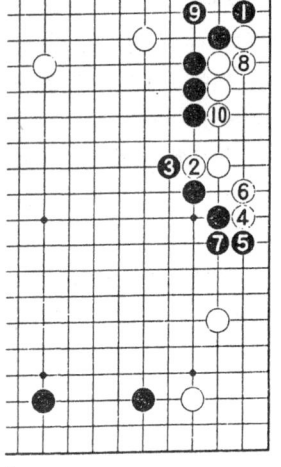

9도

9도 자, 다음의 방법을 보기로 하자.

흑 1의 2단젖힘은 같다. 백 2에서 4, 6까지이다. 다음 백 8의 이음으로 산다. 이 도는 5도와 비슷하다. 흑 1로 9의 곳에 두는 모양은 백 2 이하 흑 7, 백 10, 흑 1, 백 8로 같다.

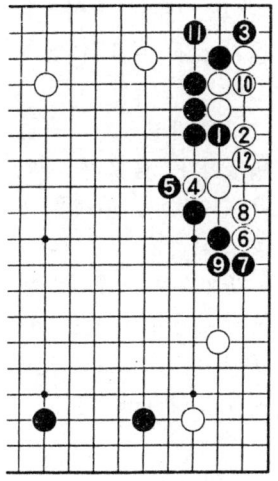

10도 먼저 흑1에 나가서 3의 내려섬이 가능하다. 비슷한 수순이다.

9도의 백10, 10도의 백12는 필요없는 수가 아니다.

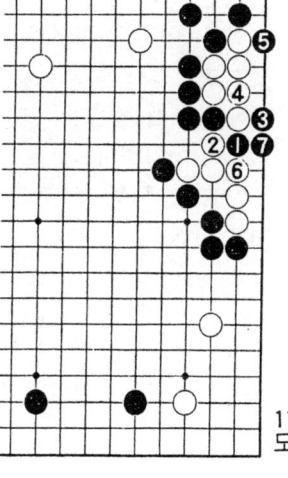

11도 흑1에 젖혀나가는 수가 있다. 흑7까지 죽는다. 도중에 패가 나면 반쪽은 산다.

흑1의 젖힘이 급소이다. 백은 2로 끊어서 흑을 잡으려 했지만, 흑3의 단수가 백4를 불가피하게 만들고 있다. 이에 대해 흑은 5로 집을 파괴하고, 나아가서 백6을 요구했다. 흑은 7로 두어서 백이 삶의 근거를 확보하지 못하도록 쐐기를 박아놓은 것이다.

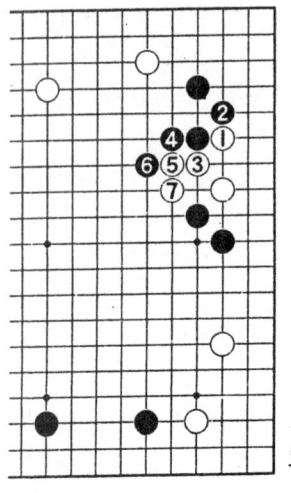

12도 새로운 모양으로 옮겨보자. 백 1 의 붙임이다.

안쪽 붙임으로 두는 방법이다. 흑 2 의 차단은 당연하다. 이것은 패를 강요하는 차단이다.

백 3 에는 흑 4 의 뻗음이 냉정하다. 백은 5, 7 의 빈삼각으로 나간다. 백의 모양이 무겁다.

12
도

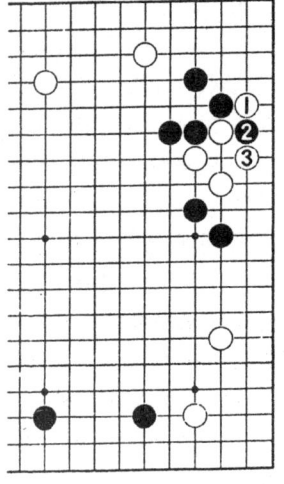

13도 백의 젖힘이라면 1 의 곳의 젖힘이다. 흑 2 로 끊으면 3 으로 패이다. 패를 자만하면 백 1 이 유력하다.

이 패는 도전적이어서 나쁘지 않다.

13
도

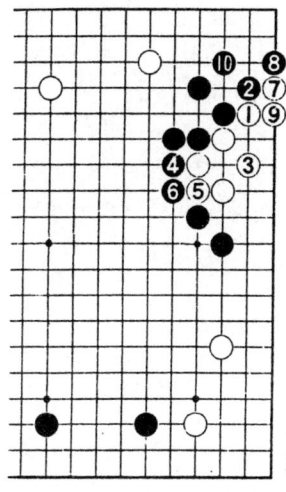

14
도

14도 백이 사는 모양이다. 냉정히 흑2로 내려서면 백3의 호구를 허락한다.

이 다음에 흑4, 6 으로 봉쇄를 한다. 백7이하 흑10까지 백이 선수로 산다.

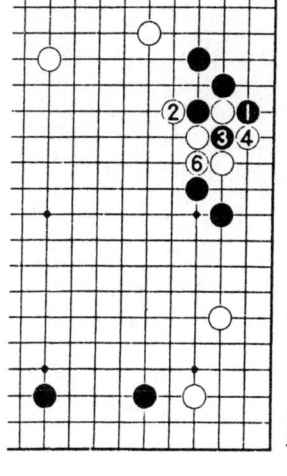

이음

15
도

15도 이것은 백의 급전의 모양이다.

백은 4의 패로 받지 않을 수가 없다. 백2의 단수가 맥이다. 흑5에는 6으로 잇는다.

백2이하 6까지는 일련의 맥이다.

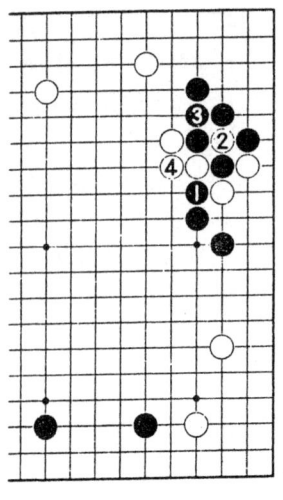

16도 전도의 변화이다. 흑1에서는 백4까지이다. 대단히 큰 패이다. 패를 이길 수 없다면 백은 이렇게 두어서는 안 된다. 이 패는 흑에게도 부담이 크다.

16
도

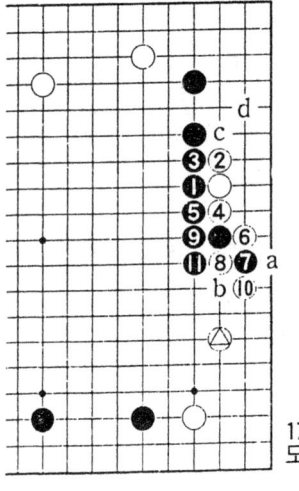

17도 다음에는 흑1에 붙이는 수이다. 이것도 의미가 비슷하다. 이에 대한 댓가로 외세를 구한다. 백2의 뻗음에서 4, 6까지 비교적 간단하다. 흑7의 2단 젖힘이 하나의 맥이다.

흑11에 백a는 흑b이다.

백이 b의 곳을 이으면 c의 곳을 내려선다.

백⊘가 있는 모양에서는 흑8로 뻗는 수가 좋다.

17
도

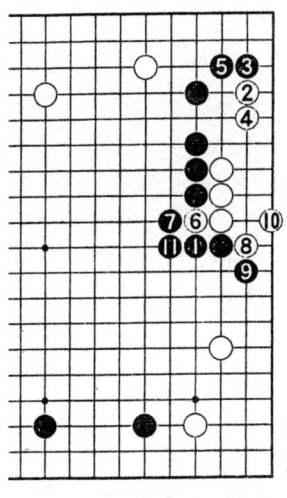

18도 흑1에 서는 것
은 강경한 모습이다. 백
은 2까지 전개를 한다.

흑3, 5로 귀를 저지
하고 나선다. 백은 6으
로 나온 다음에 8,10으
로 모양을 갖추고 산다.

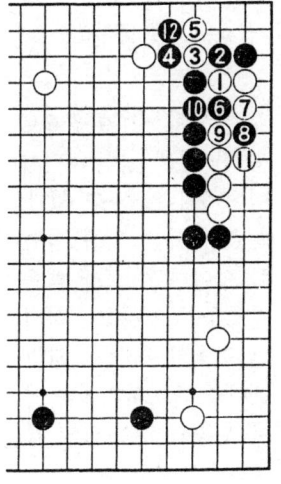

19도 백1, 3으로 도
전을 하는 것은 나쁘다.
이것은 무리이다.

흑6, 8의 수순에서
10의 이음까지이다. 백
11에 흑12, 백의 모양
이 좋지 않다.

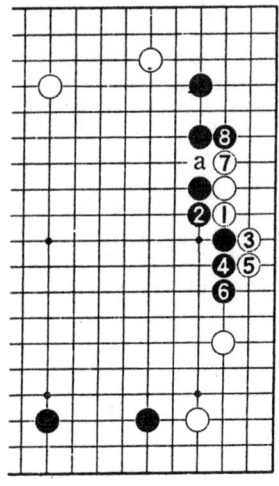

20도
도

20도 먼저 백 1, 3으로 두는 수이다. 흑은 4, 6으로 잇는다. 백 7에는 흑 8로 내려선다.

최초의 뻗음으로는 a의 끼움도 있는 곳이지만 수순에 주의를 요한다.

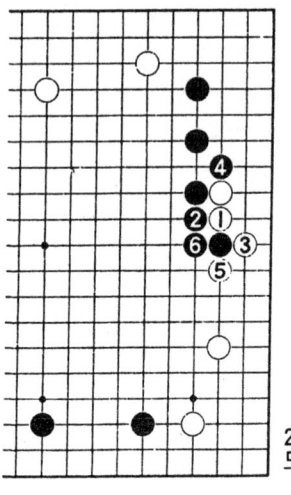

21도
도

21도 백 1, 3에는 흑 4의 내려섬이다. 매우 입체적인 모양이다. 백이 불만스러운 감이 있다.

백은 할 수 없이 5로 흑 한 점을 단수하면서 넘어가지 않을 수 없다. 흑 6의 이음 역시 당연한 수이다. 이로써 백은 활로를 찾았다고는 하지만 흑 4의 누름을 당한 불만을 해소하기에는 웬지 부족한 감이 없지 않다.

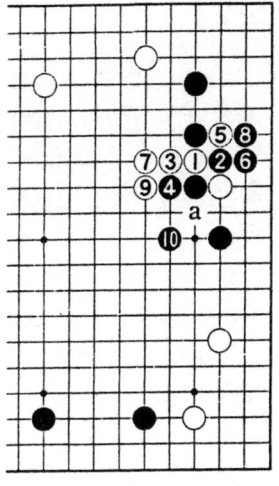

22도

22도 주의를 요할 곳은 백1의 끼움이다.

흑2이하의 끊음은 정석적인 수순이다. 이것은 흑10까지이다. 흑4, 백7에서 흑의 실리와 백의 두터움의 갈림이다. 도중에 백3을 a의 단수는 생각할 수 없다.

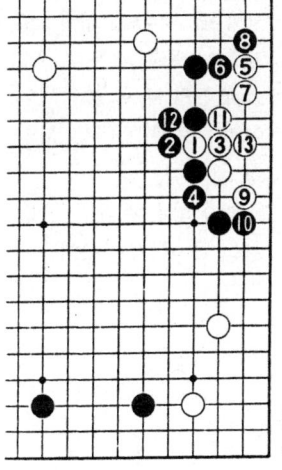

23도

23도 백1에 두어도 살 수는 있다. 금후의 두터움이 문제이다.

백13까지는 백이 충분하지 못하다.

완전히 봉쇄를 당한데다가 두터움까지 허락을 하고 있다.

제 9 형 3칸의 침입

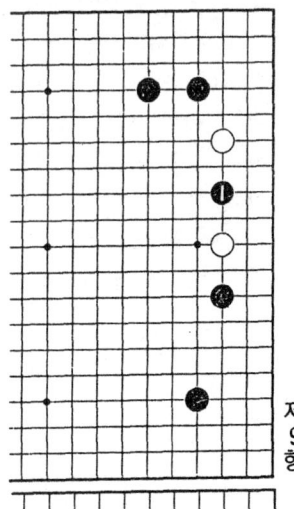

제
9
형

3칸의 침입이다. 격
언을 무시한 벌림에서의
침입을 나타내 보았다.
이것이 일반적인 진리이
다.

물론 경우에 따라서는
선악을 판단할 수는 없
지만 침입의 자체는 나
쁘지가 않다.

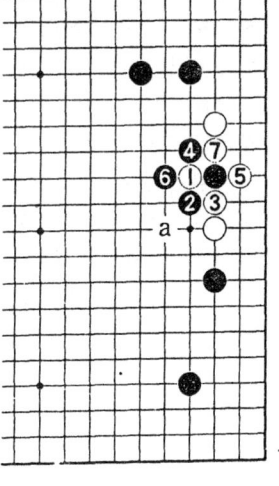

1
도

1도 백의 응수를 검
토하여 보자.

백 1 의 위쪽 붙임이다.
일반적으로는 나쁜 모양
의 예이다.

백 7 다음에 패를 유발
하여 흑이 유리하다.

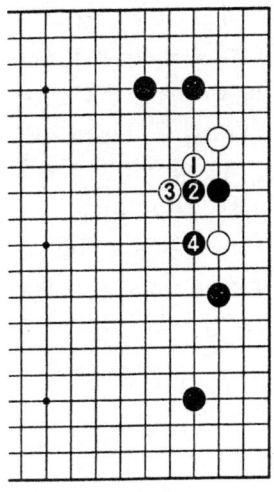

2도

2도 백1의 마늘모는 무리한 모양이다.

흑4에 붙이면 전체가 뜬 돌이 된다. 백1의 마늘모는 정면 전투의 수이다.

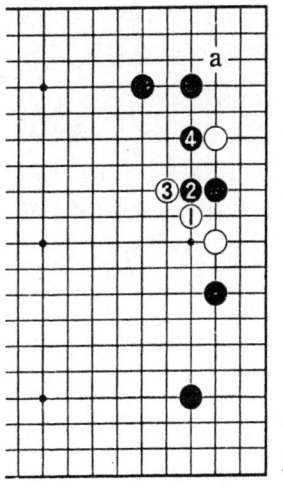

3도

3도 백1의 방향에 두는 것도 역시 같다.

이 다음에 3·3에 침입을 하는 수단이 있지만 전체가 흔들린 모양이다.

흑2의 올라섬에 백3의 젖힘수가 경쾌하다. 흑4가 어쩔 수 없는 수라고는 하지만, 그래도 백의 다음 공격 수단인 3·3침입이 남는다. 결국 흑은 상당히 고전하지 않을 수 없는 괴로운 모양이 되었다.

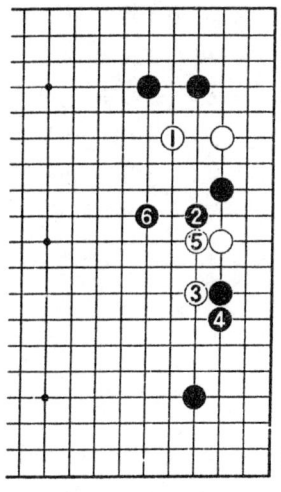

4도 한칸 뜀에 악수 없다는 말과 같이 백1의 뜀이다. 정정당당하다고 볼 수가 있을까?

흑2의 마늘모로 백이 약한 전투가 된다.

백3, 5는 맥이다. 흑6으로 상하가 분단이 된다.

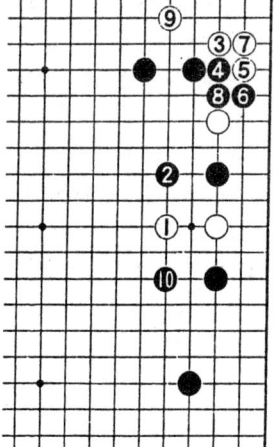

5도 백1의 방향은 역시 같은 결과를 초래한다.

흑2의 뜀이 좋아서 위아래가 나뉘어진다.

흑10까지 추격을 하여 위풍당당하다.

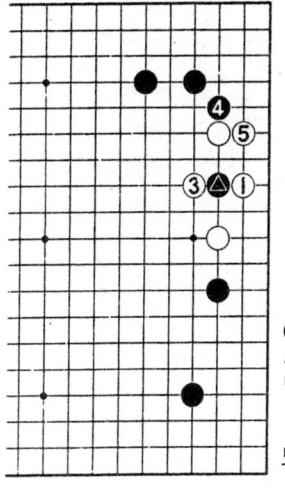

6 도

6도 이상의 도는 좋지 않다. 백 1의 아래 붙임의 수이다.

2선에서의 붙임은 좋지 않다. 3칸 벌림에 대하여는 맥이 아니다.

흑은 이 교환에 만족을 하고 손을 뺀다. 흑 ▲가 백의 작전을 제약한다. 계속하여 둔다면 백 3이다.

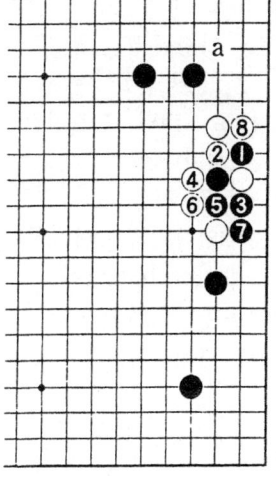

7 도

7도 손을 빼지 않는다면 다음의 전투를 초래한다. 흑 1의 방향에 젖혀 나간다. 전과를 얻지 못한다. a의 곳에 침입하는 수가 남는다.

84

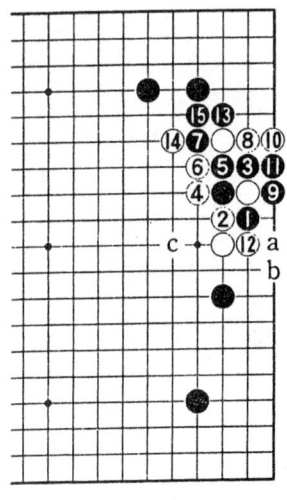

8 도

8도 젖혀 나간다면 흑 1 의 방향이 정해이다.

이것은 흑15까지 외 길 수순이다.

백12 다음에 a와 b가 선수로 듣는다.

외세가 좋아서 백도 해볼만한 국면이다.

다음 c의 단점을 지켜 서 본형이 된다.

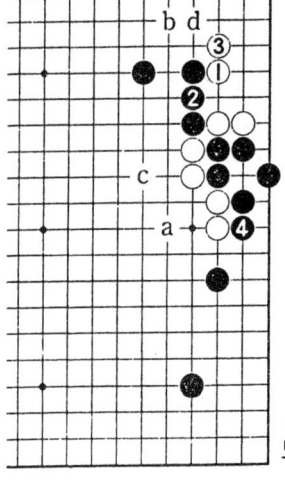

9 도

9도 여기에서 다른 길을 찾자면 백1, 3이다.

흑 2 에는 백 3 의 내 려섬, 그러면 흑 4 까지 일단락이다.

백 a는 지킴, 만약 이 곳이 없다면 흑c의 급 소에 다가선다. 백이 b 의 곳을 두지 않으면 d의 곳을 다가선디.

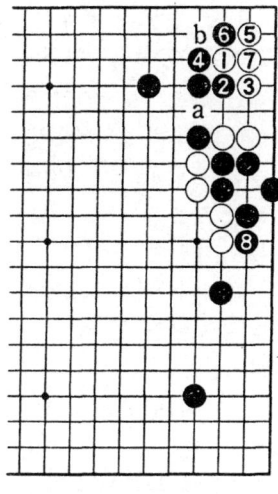

10도

10도 백 1 의 3·3 의 침입이다. 백 7 까지 외길의 수순이다.

흑은 8 의 곳을 밀고 나온다. 귀는 a 나 b 로 둔다. 9 도와는 차이가 다르다.

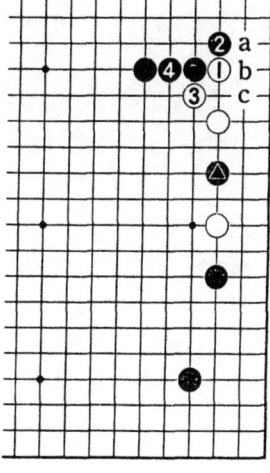

11도

11도 본도는 다른 방법이다. 백 1, 3 의 붙이고 젖힘에서 흑 4 까지이다. 백 a 로 두어 패로 버릴 가능성도 있다.

흑이 b 로 두면 백은 c 의 곳을 받는다. 흑◑의 침입에 두는 수법의 하나이다.

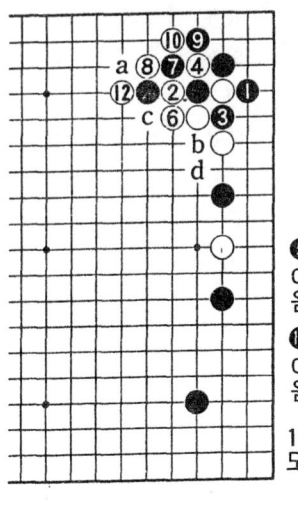

5 이음 **11** 이음

12
도

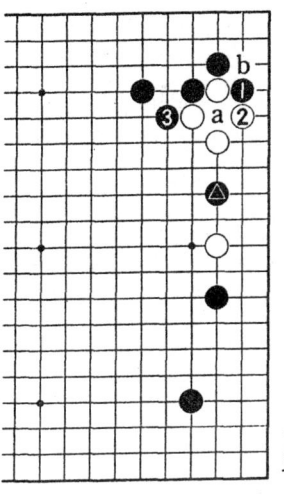

13
도

12도 전도의 흑 4 는 기백이 약하다. 이곳에서는 강하게 두어야 한다. 흑 1 의 단수이다. 백 2 의 단수로 반발을 하는 것은 이하의 변화를 기대하는 수이다.

흑11의 이음으로는 a 의 단수이면 큰 패가 난다.

백12의 단수로 축이 문제이다.

흑 b의 끊음에 c의 때림, 그러면 흑은 d의 곳을 는다. 흑은 두텁고 집이 많다.

13도 흑 1 에 백 2 의 받음이다. a의 곳 패를 다툰다. 흑 3 은 강수이다.

백 a에 이음은 나쁜 모양으로 흑이 b의 곳을 두면 귀는 수가 없다. 흑 ▲의 침입이 빛을 발한다.

87

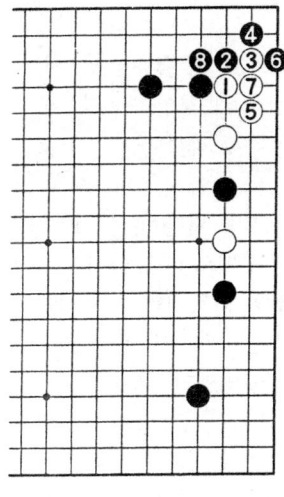

14도

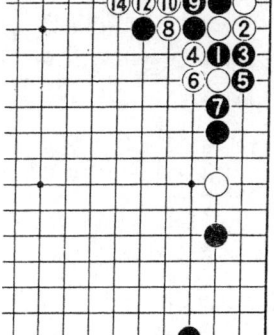

15도

14도 백 1, 3 의 2단 젖힘이다. 상용의 맥점이다.

흑 4 도 맥이다. 8 까지 견고한 모양이 된다.

백은 의외로 무거운 모양이다.

15도 흑 1 에서 3 으로 돌파하는 것은 강수의 태도이다. 긴 수순으로 15까지이다. 흑의 실리와 백의 외세이다.

귀의 실리는 작지 않다.

백 4 로 9 는 흑 4 로 되어서 흑이 외세이다.

정석 후의 침입(3)

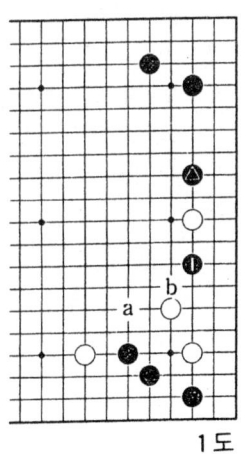

1도

1도 흑⚫의 벌림에서 1의 침입은 a가 쌍방의 요점이다.

흑 a의 뜀에 b의 곳 붙임이다. 흑 a에서 1의 곳 침입도 가능하다. 흑⚫의 다가섬이 있을때 받은 집의 파괴를 각오하고 있어야 한다.

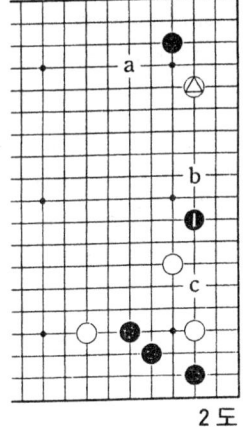

2도

2도 침입에는 직접 관계가 없지만 백이 눈목자에서 △로 걸쳐온 모양이다.

흑1도 날일자 응수이다. 여기서는 1의 곳이 급소이다.

c의 곳을 갈라쳐 들어감을 노린다.

정석 후의 침입(4)

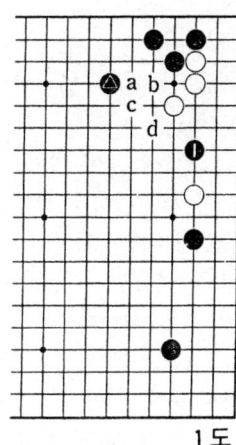

1 도

1 도 고목정석의 대표적인 모양이다. 침입의 촛점이 문제가 되는 곳이다. 흑▲에 돌이 있는가, a에 돌이 있는가가 문제가 된다.

흑▲에는 백 b의 마늘모로 공방이다. 흑a에 있다면 백은 c의 곳 붙임이 있다.

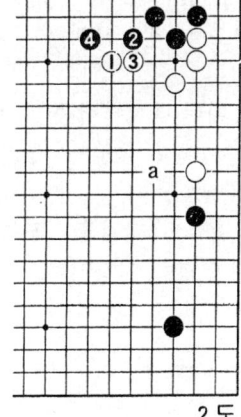

2 도

2 도 흑이 지키는 모양이 없다면 백a로 침입에 방지하지 않는다. 백 1 , 3 의 압박이다.

백 1 로 2 에 압박하면 침입의 여지가 있다.

제10형 5칸의 침입

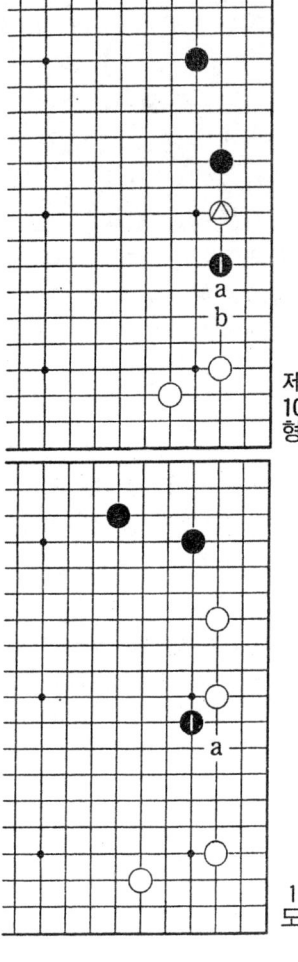

제
10
형

1
도

이것도 대표적인 침입이다. 원군을 활용하여야 한다.

백△에 돌이 오면 흑 1의 침입이다. 침입은 장소에 따라 우열이 생긴다. 흑a는 중도반단 (中途半端)이다.

흑b도 나쁘다. 적의 강한 곳에 가까이 가는 것은 좋지 않다. 백에서 1에 다가서 좋지 않다.

1도 침입과 삭감의 용도를 잘 파악하여야 한다.

이런 배치에서는 a의 곳 침입은 부담이 증가가 된다.

흑1로 삭감을 하는 것이 좋은 태도이다.

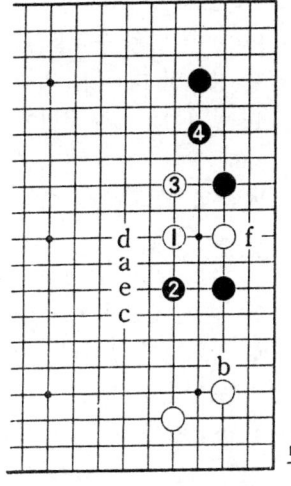

2 도 침입한 후의 공방을 보자.

백 1은 너무 온건한 태도이다. 흑도 2 의 곳을 뗀다.

백 3 에는 흑 4 로 받을 여유가 있다. 백 a에서 흑b로 붙여 수습을 모색한다.

백 3 으로 d 는 흑도 e 로 추격을 한다. f 의 건너감은 장래의 문제이다.

2 도

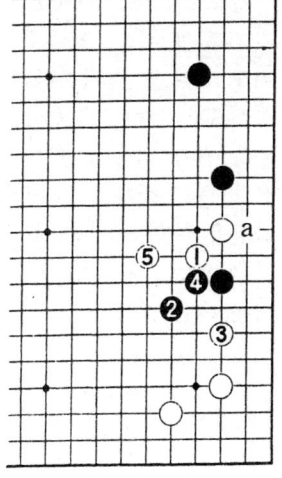

3 도 백 1의 마늘모에는 a 의 곳 건너감이 없다. 강한 태도이다. 흑 2 는 모양이다. 다음 백 3 의 급소를 허락한다.

흑이 고심스러운 모양이다.

3 도

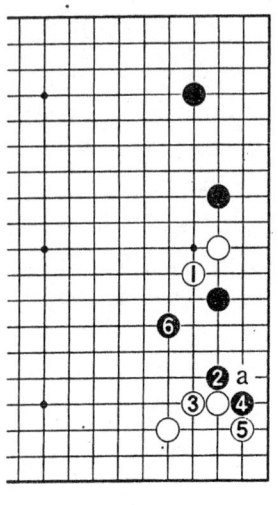

4도 흑 2에 붙이는 수
이다. 이것은 수습을 위
한 상용의 맥이다. 흑 **4**
를 방치하면 a의 젖힘이
있다. 여기에서 **6**의 곳
날일자, 전도와는 비교
를 할 수 없다.

흑의 모양에 여유가
있다. 장래 a의 이음으
로 집모양이 생긴다. 흑
4로 단순히 **6**은 a의
젖힘이 있다.

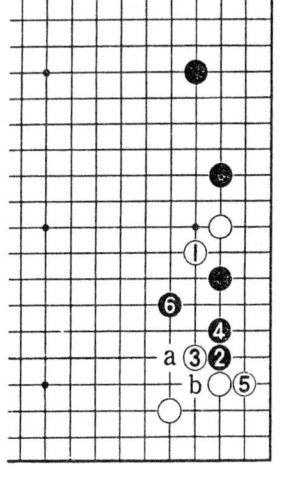

5도 모양의 여유를
갖기 위해서는 어떻게
라도 **2**의 곳 붙임이다.

백 **3**에 젖히면 흑 **4**의
뻗음이다. 다음에 **6**으
로 진출을 한다. 흑a에
붙임을 본다. 백 **5**로 b
에 이으면 a의 곳에 붙
이는 수는 없다.

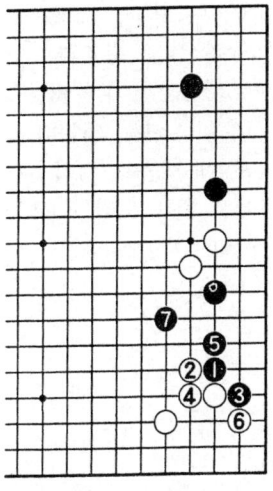

6 도

6 도 맥에 대해서 살펴보자. 백 2 에 흑 3 의 젖힘의 반발이다. 이 젖힘을 이용할 가치가 많다. 실전적이다. 백 4 의 이음으로 응수를 한다. 온당하다.

흑도 5 의 곳을 끌면 백 6 에 흑 7 로 진출을 한다.

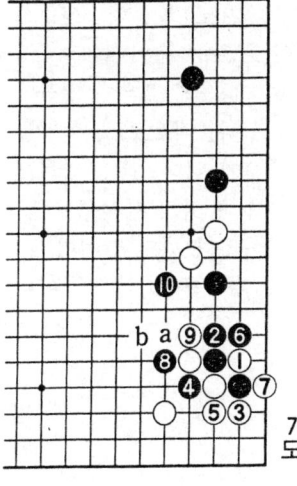

7 도

7 도 흑의 젖힘에 백 1 로 두는 수이다.

4 , 6 으로 양쪽을 단수하는 모양이다. 이것은 흑 10에 두는 모양까지이다. 백 a 에는 흑 b 가 모양의 요령이다

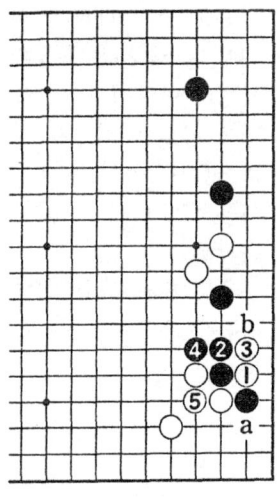

8도

8도 백 1, 3으로 두는 수이다. 흑 4의 단순한 꼬부림이 좋다. 백도 5의 곳을 잇는다.

흑 a에 뻗음은 백이 b의 곳을 뻗어 무리한 모양이다. 흑 b에 막음도 백 a이다.

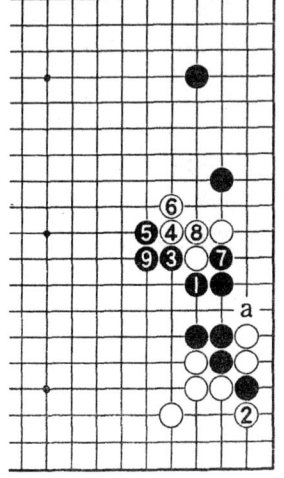

9도

9도 흑 1의 쌍립으로 두는 수이다.

다음에 2의 뻗음이 있다. 백 2로 두지 않을 수가 없다. 흑은 강하게 3, 5의 2단젖힘이다. 이하 9까지 진행이다. 흑은 공격스런 모양이다.

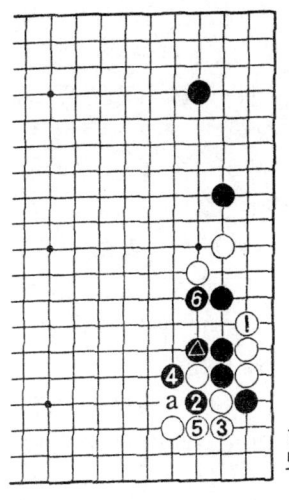

10도
도

10도 혹이 ▲에 꼬부리면 백 1 로 느는 수는 혹의 양단수에 한 점이 때림을 당한다. 백 5 는 손을 뺄 수 없는 곳으로 혹 6 의 올라섬을 당한다.

백 1 점을 잡은 혹의 모양이 풍부한 모양이 된다.

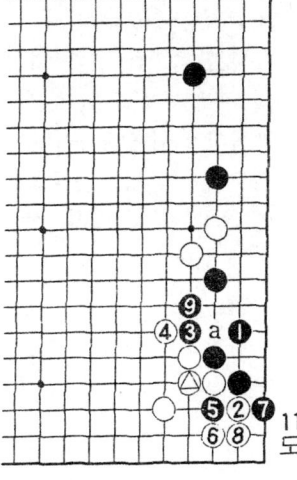

11도
도

11도 백 ▲의 이음에는 혹 a의 느는 수 대신에 1 의 곳의 벌려이음이다. 용이한 모양이다.

백 2 에 혹 3 에서 5 의 끊음이 맥이다. 백 6 에는 7 까지 간단히 사는 모양이다.

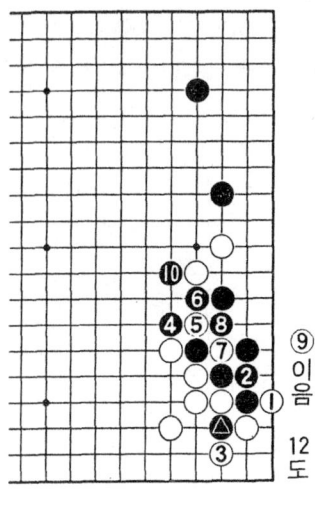

9 이음

12
도

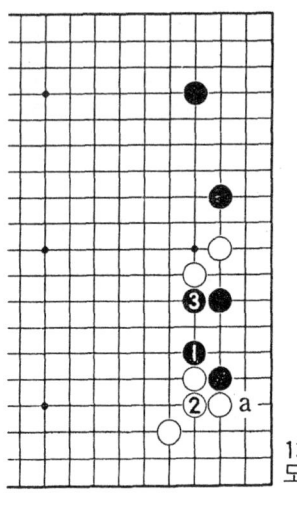

13
도

12도 여기에서는 백도 1에 단수함이다. 이것은 흑❹의 끊음의 효과이다. 흑 2에 돌이 오게 되면은 4의 곳 젖힘이 있다.

백 5에는 흑 6의 단수 반발이 맥이다. 백 7에는 흑10까지 흑의 성공의 모양이다.

이 변화는 일응 끊음의 효과라고 할 수가 있다.

이 수순은 제 2장 실전편에도 등장한다.

13도 흑 a가 없이 1의 곳을 젖힘도 있다. 아래쪽인가 위쪽인가이다. 백 2의 이음에는 흑 3이 요착으로 모양이 정비가 된다.

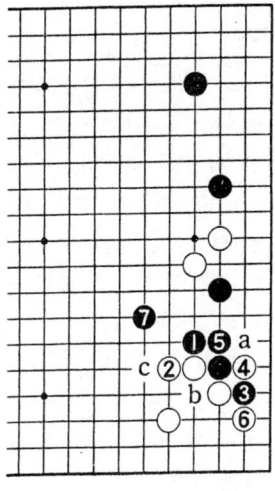

14
도

14도 백2에 뻗음은 흑3의 3단젖힘이다.

백4, 6으로 잡으면 냉정하게 7의 곳까지이다.

a의 방향의 단수와 b의 방향의 단수는 보류하여 둔다.

b의 곳은 다음에 c의 곳 붙임을 엿본다.

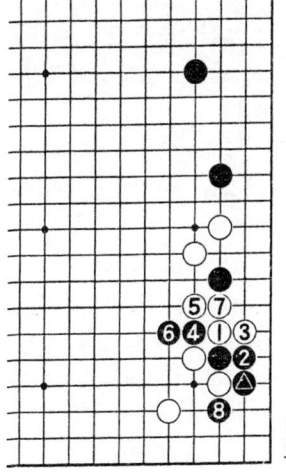

15
도

15도 변화도를 표시하여 보자.

흑▲의 젖힘이다. 백1, 3으로 위쪽의 내려섬이다.

흑4, 6에서 8의 젖힘까지이다. 백1, 3은 속맥이 아닐 수 없다.

제11형 좁은 침입

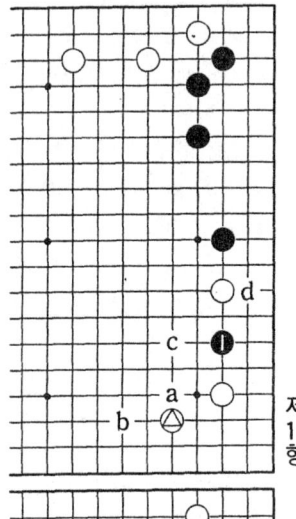

제11형

혹1의 좁은 장소에서의 침입도 가능하다. 3칸 침입의 예이다.

백△가 a의 곳에 한칸 굳힘으로 있는 모양이라면 혹1의 침입은 거의 불가능하다.

이런 모양에서 혹1은 c의 곳을 뛰어나가는 수와 d의 곳을 건너감을 노린다.

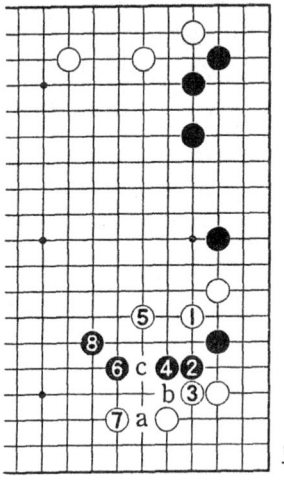

1도

1도 좁은 공간에서는 좁게 받는 수가 일반이다.

백1이 중앙진출과 건너감을 동시에 없애는 수이다.

최강의 수이다.

백3이 의외의 급소이다. 혹6은 혹a, 백b, 혹c도 가능하다.

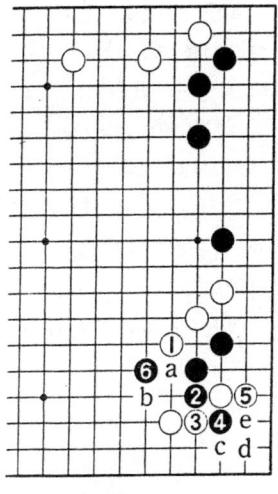

2도

2도 흑의 마늘모에 백 1의 공격이다.

여기서 흑 2, 4의 끊음이다. 흑 6 까지 진출이 가능하다. 백 a의 나가끊음은 없다. 백 b, 흑 a이다.

귀는 흑 c에서 백 d, 흑 e이다.

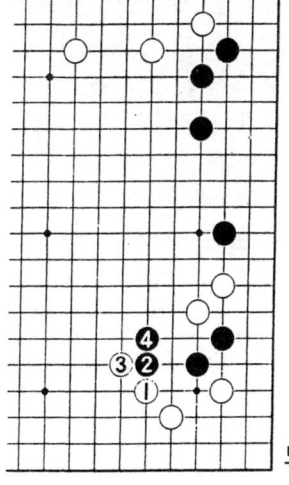

3도

3도 백 1에서부터 두는 것은 어떨까?

이것은 흑 2에 붙여서 진출을 한다. 중앙의 전투에 발전한다.

백은 흑 2에 대해서 3으로 젖힌다. 이에 대해서 흑은 4로 응수한다. 이 수는 당연한 진행이지만, 흑이 중앙으로 진출할 수 있는 호기를 제공해 준다.

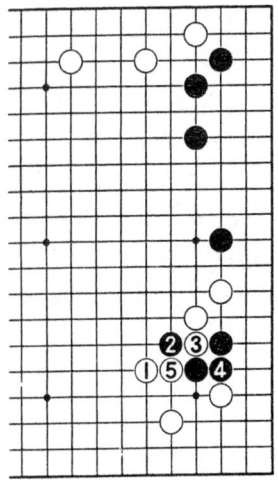

4도

4도 이것은 매우 고심스러운 모양이다. 묘한 모양이 생긴다. 흑2의 다른 마늘모이다.

여기에서 백은 3의 곳에 돌파를 하면 흑은 4의 곳을 잇지 않을 수가 없다.

백5의 끊음까지이다.

5도

5도 흑1, 3으로 끊어 잡아서 알기 쉽게 사는 모양을 얻는다.

백의 복판에서 5집을 얻는다. 아직도 백의 외세가 완전하지 못하다. 흑▲는 b등에 움직이는 수가 남는다.

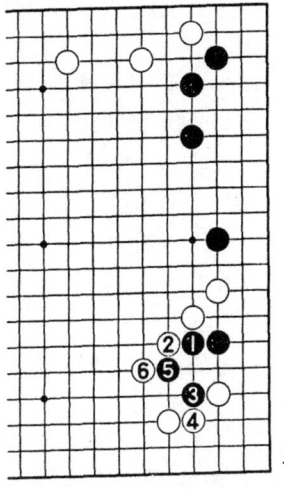

6 도

6 도 흑 1 로 올라서
는 수이다. 이런 모양에
서는 실패이다. 탈출하
는 돌의 모양이 나쁘다.
 백 2 는 2 점 머리의
급소이다. 흑은 3,5 로
궁색한 모양을 갖춘다.
다음 백 6 의 젖힘에
서ㅡ·

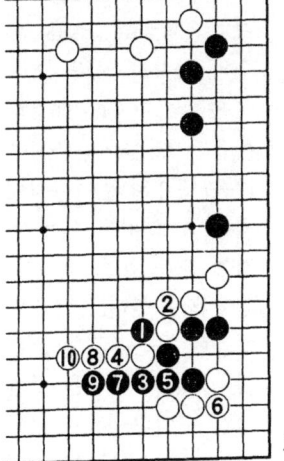

7 도

7 도 흑 1 에서 3 이
다. 5 의 곳 이음에는
백도 6 의 곳을 잇는다.
냉정한 좋은 수이다.
 이하 10 까지 바둑은 백
승이다. 결과가 나빠짐
을 기대할 수는 없다.

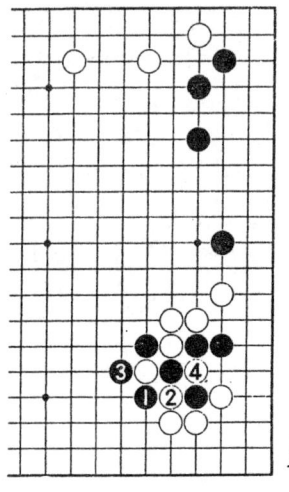

8도

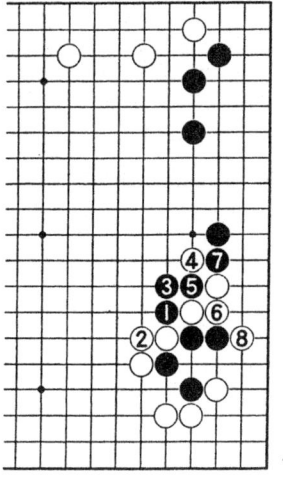

9도

8도 다음의 변화를 보자.

흑1에 백2는 다음 4의 때림까지인데……

흑의 빵때림이 좋아 백의 불만이다.

백은 7도의 수순을 따르지 않을 수가 없다.

9도 앞에 나온 7도 의 변화이다.

흑1의 방향에서 단수 를 하면 이하 8 까지이다.

백의 집이 실직적으로 크다. 백4의 돌은 한 수의 가치가 있다.

흑1의 단수에 백2의 이음은 당연한 수순이다. 다음 흑3의 붙여나감에 백은 4로 뛰고, 이에 대 하여 흑은 5로 백 한 점을 단수한다. 백6의 이음에 흑은 7로 끊는 다. 백8의 젖힘은 필연 적인 수이다. 이로써 흑 의 모양이 괴롭다.

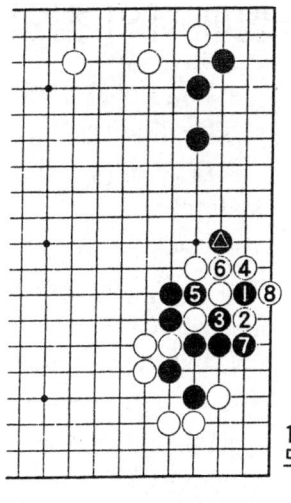

10도

10도 흑 1 로 두는 수
이다. 백 2 의 젖힘에는
당연히 흑 3 에 백 4 이다.
강한 태도이다.
　이후 흑의 대마가 집
이 없어 무거운 모양이다.
　흑◎가 고립되어 백
의 우세가 확립된다.
　백 4 로는 경우에 따라
5 의 곳에 이어두는 수
가 있다.

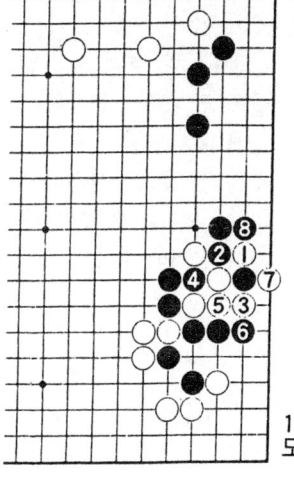

11도

11도 백 1 의 방향에
젖히는 것은 실패이다.
이하 백 5 의 이음까지이
다.
　백 5 를 7 에 두면 흑
5 이다. 큰 모양의 차
이가 난다.
　이 모양에서의 침입
은 변화가 많지 않다.
　최초의 1 도가 기본
형이다.

제12형 한 칸 굳힘에서의 침입

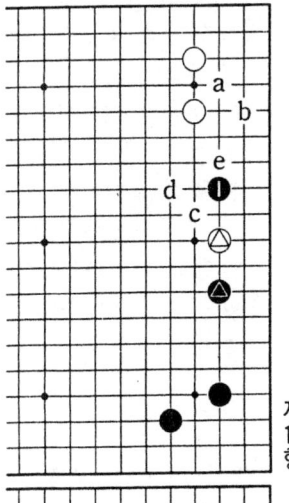

제
12
형

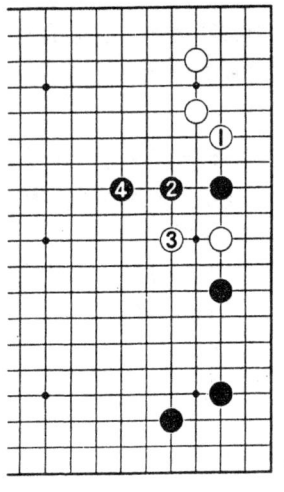

1
도

한칸 굳힘에서의 벌림에 대한 침입이다.

흑▲로 압박을 하는 모양이다.

백△에 1의 곳의 침입이다. 한쪽을 둔다면 a의 곳을 들여다보거나 b의 곳의 미끄러짐이다.

흑1은 절대가 아닐 수 없다. e의 곳에 굳힘이 있다면 다르다.

흑e는 직접 a를 두는 것이 있다.

1도 자, 이것은 침입을 한 후의 공방이다.

백1로 귀를 지키면 흑은 2, 4로 계속하여 뛰어 나갔다. 비교적 간단한 변화이다.

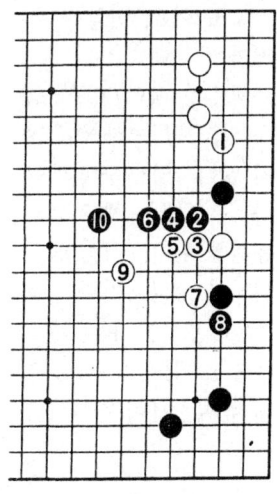

2 도 흑2로 백돌을 압박한다. 백의 고전의 양상이다. 백은 3, 5 다음에 7의 곳 붙임이 상용의 수단이다. 백9에 진출하여 모양을 성비한다. 호각의 갈림이다.

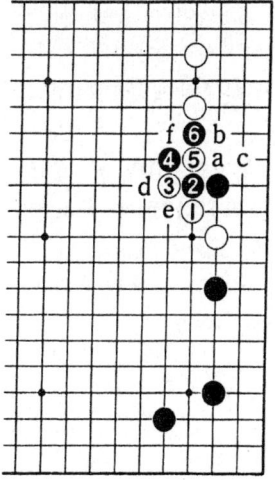

3 도 반대쪽에서의 백 1의 마늘모이다. 실전적으로 두는 수법이다.

여기에서 흑2는 당연하다. 백3, 흑4 다음 백5의 맥이 있다. 흑6에 백a 이하는 흑f이다. 백이 불리한 마무리이다.

106

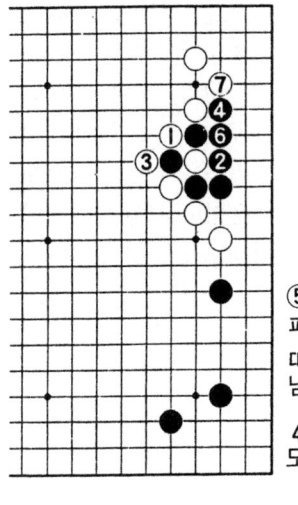

4도 이런 변화는 어떨까?

백 1이 맥이다. 이 맥은 알고 있는 사람이 많지 않다. 양단수의 맥이다. 흑 2에는 백 3으로 봉쇄를 한다. 이하 백 7까지가 상식적이다. 흑 4를 젖혀서 사는 것은 백 5로 잡고 7의 곳을 내려서는 것이 당연하다.

⑤ 패 따냄

4도

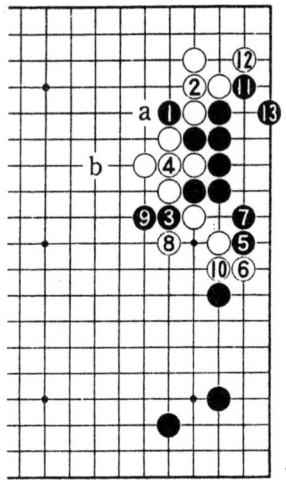

5도 이 다음에 사는 수는 흑 1 이하의 배치가 하나의 예를 나타내었다.

흑 9로 10의 곳 끊음은 흑 11, 13전에 흑 a, 백 b의 교환이 있다.

이것은 금후의 촛점이 아닐 수 없다.

5도

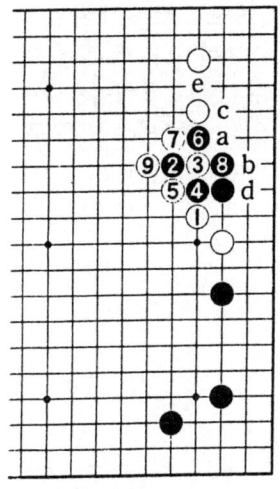

6도
도

6도 백1의 마늘모에 흑2의 날일자이다. 백3의 붙임에서 이하 9까지가 결론이다.

백3으로 4, 흑3, 백8 끊음은 흑a, 백b, 흑c, 백d, 흑e가 된다.

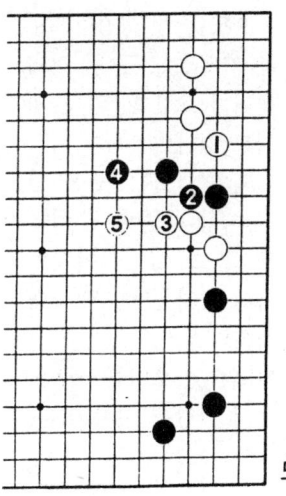

7도
도

7도 여기에서 단순한 날일자는 백1의 급소의 마늘모이다.

이렇게 되면 옳은 변화가 아니다. 3도의 젖힘이 옳다.

백1의 급소 찌름에 흑은 2로 이었다. 이에 대해서 백은 3으로 세워서 삶을 도모하면서, 아울러 흑을 협공하는 자세를 취하였다. 흑4의 한 칸 뜀은 당연한 수이다. 백5의 따라감도 자연스러운 공격이 되고 있다.

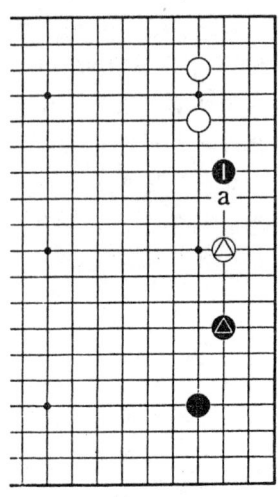

8도

8도 흑❶는 a와는 한 길 차이이다. 백◬에 대하여 보다 박력이 떨어진다. 흑1의 침입은 유력하지가 않다.

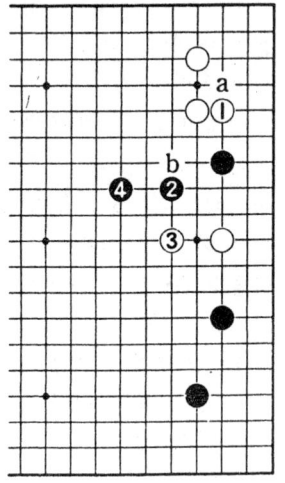

9도

9도 이런 침입으로는 직접 a의 곳에 뛰어 들어가 교란을 하는 방법도 있다.

백의 태도는 귀를 단단히 한 다음에 중앙으로 몰고 있다. 이것은 흑의 근거를 빼앗는 태도이다.

b의 곳 보다는 2의 곳이 강한 일면이 있다.

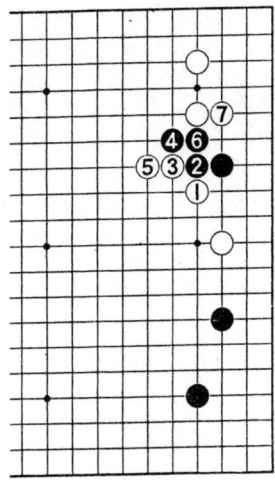

10도
도

10도 백 1 의 씌움이
다. 이것은 외세를 강화
하는 수법이다. 전도보
다 좋다고 할 수가 없다.
흑이 귀에 침입하는
수법을 막음이 좋다.
흑 2 이하 백 7 까지 돌
의 모양이 나쁘다.

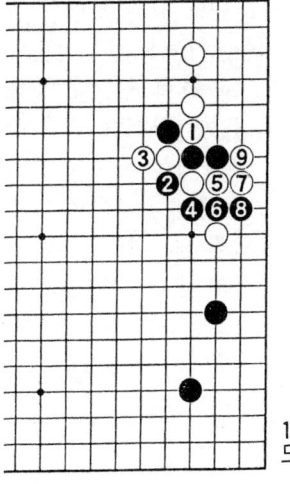

11도
도

11도 전도의 변화이다.
백은 1 에 끊음이 유리
한 보증이다. 흑 2 에서
4, 6 까지 돌파한 다음
8 의 곳을 내리면 9 까
지이다.
백이 1 로 끊자 흑도
질세라 2 로 맞끊었다.
백 3 의 이음은 당연한
수이다. 흑 4 의 단수에
백 5 의 이음도 역시 당
연한 수. 흑은 계속 6,
8 로 백을 쫓았다. 백 7,
9 는 어쩔 수 없는 응수
이다.

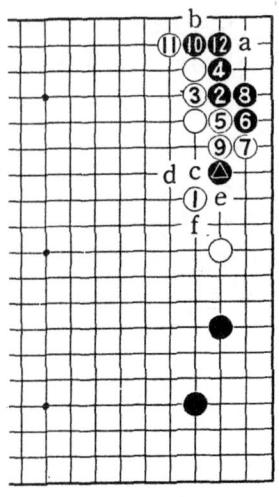

12도 흑⬣를 사석으로 이용을 한다면 이하 12까지 귀를 두는 수법도 있다.

흑12로 a이면 백 b, 흑 12까지 외길의 수순이다.

흑2로 c에서 f까지 교환을 한 다음에 두는 것도 가능하다. 그 다음에 변에서 삶을 구한다.

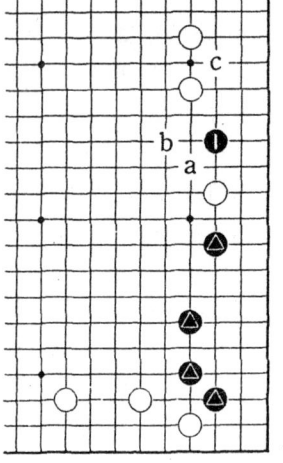

13도 백의 벌림은 3칸이다.

흑⬣의 일단이 있어 침입을 하였다. 흑은 직접 보강을 하지 않고 1의 곳에 침입을 하였다.

침입을 하는 것은 흑 1이 좋다. 다음 a, b로 중앙을 교환하는 수법과 c의 곳에 침입을 노린다.

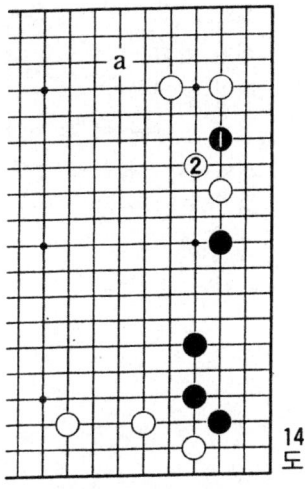

14도

14도 한칸 굳힘의 모양에서의 변화이다.

흑1의 침입이다. 이 침입에서는 흑1의 돌은 중앙쪽으로는 활로가 없다.

한 칸 굳힘의 방향은 a의 곳에 약점이 있다.

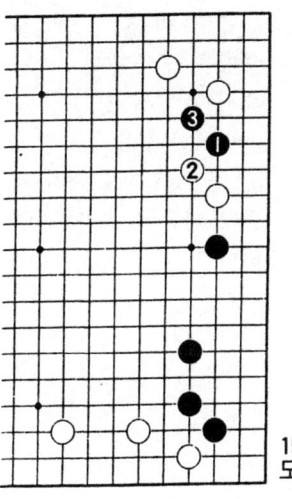

15도

15도 날일자의 3칸 벌림이다. 이곳은 흑1의 침입이 성립한다.

백2에는 흑3의 마늘모이다. 이것이 유일한 수단이다.

여기에서 만약 백이 마늘모로 받지 않고 곧바로 세워둔다면 흑도 역시 마늘모로 나가지 않고 세워둘 것이다. 상대방의 수에 따라서 대응하는 것이 바둑의 요령이다.

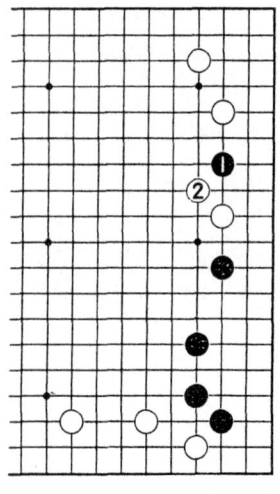

16
도

16도 굳힘의 방향에 대한 변화이다. 3칸 벌림의 침입이다.

이 모양에서는 의문의 침입이다. 중앙의 진출이 부자연 스럽다. 활로를 구하기에는 어려운 문제가 생긴다.

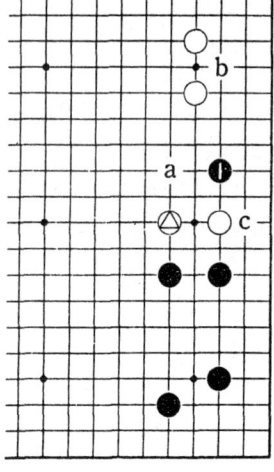

17
도

17도 백△의 뜀으로 모양을 구축한다. 여기에서 흑1의 침입이다.

이러한 깊은 침입은 a, b, c를 맛보기로 하기 때문에 다음의 수가 곤란하다.

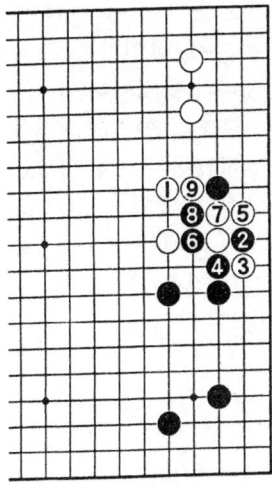

18도 백은 1에 모자(상자)를 씌웠다. 중앙의 진출을 막는 당연한 저지이다. 이것은 흑2로 건너가는 수가 있다.

흑8까지 된 다음에 백은 9의 곳을 끊는다. 다음에 손을 빼면 2점을 잡는다.

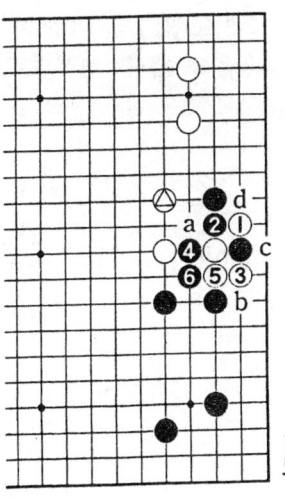

19도 백1 방향의 젖힘은 실패이다.

백a의 끊음은 흑b, 백c, 흑d로 백이 나쁘다.

백△가 의의가 없고 성립이 안된다.

백1의 젖힘에 흑2의 끊음은 당연한 수이다. 백3의 단수에 흑은 4로 역 단수한다. 백5의 이음에 흑6은 경쾌한 공격이다. 드디어 백으로서는 어느 곳을 두어야 할지 괴로운 입장이 되었다.

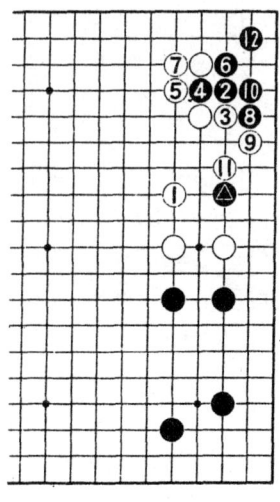

20
도

20도 백 1 에 대하여
는 귀에 침입하는 것은
하나의 방법이다.
　흑 2 의 안쪽의　엿봄,
이하 12까지이다. 이것은
매우 궁금한 모양이다.
백의 외세가 좋아서　호
각의 갈림이라고 할 수
있다.

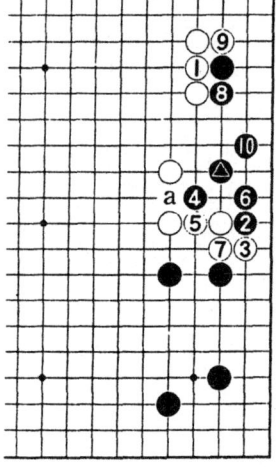

21
도

21도 백 1 의 바깥 이
음은 흑 ● 를 사석으로
하지 않고 삶을 도모한
다.
　흑 2 의 붙임이 삶을
도모한다. 이것은 이하
흑 10까지 완전히　사는
모양이다.

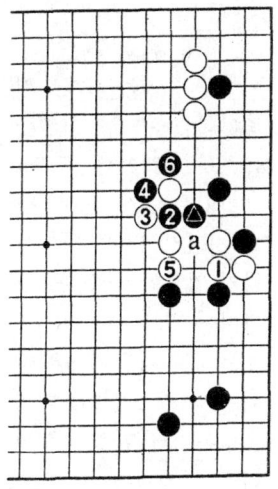

22도

22도 흑▲의 맥에 대하여 백1의 이음에는 흑은 2의 곳을 나간다. 백3에는 4, 6으로 끊어 잡는다. a의 곳은 잇지를 않는다.

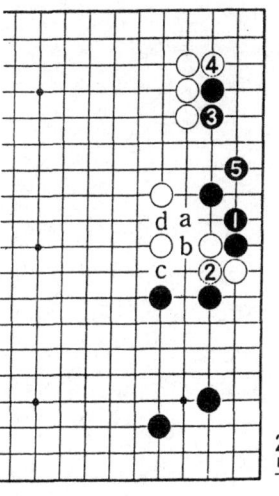

23도

23도 흑a에 백b를 둔다. 이것은 흑1 이하로 산다.

흑a에 백b로 잇는 수는 좋지 않다. 백c로 응하는 것이 흑d의 나감의 박력을 반감시킨다.

흑1의 이어나감에 백2의 이음은 필연적인 수이다. 흑3에 대해 백4의 내려막음도 지극히 당연한 수이다. 다음에 흑은 5로 집을 굳혔다. 백의 다음 응수에 따라 흑의 대응이 문제가 된다.

제13형 급소의 침입

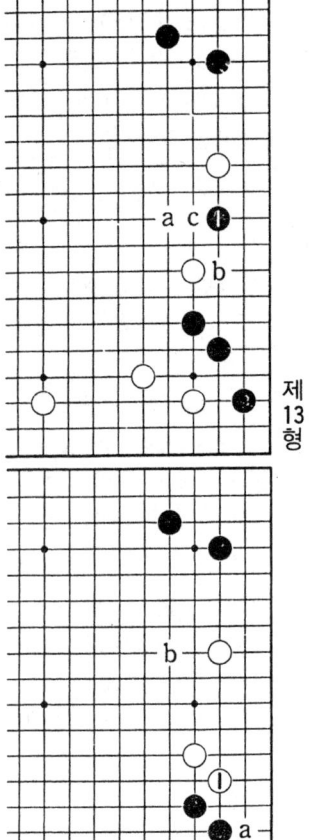

제 13 형

한쪽이 높은 3칸 벌림이다. 흑 1 의 침입이 급소의 일격이다.

침입은 먼저 둔다. 백이 지키기 전에 착수를 하지 않으면 안된다. 이 차이는 명료하다. 또 흑 1 은 a의 나감과 b의 붙이는 수를 노린다. 백의 응수는 c의 한길 뿐이다.

1 도

1 도 여기에서 백이 지키는 수는 1 의 곳 마늘모가 급소이다. 귀의 흑돌을 압박한다. a의 붙임이 장래의 노림이다. b의 곳 한칸 뜀은 너무나 평범하다.

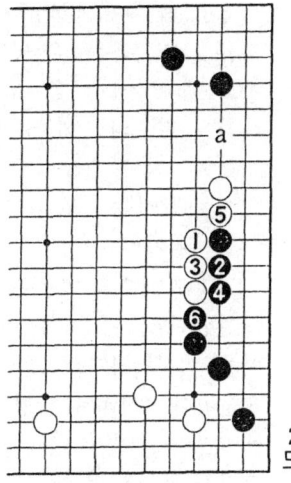

2도

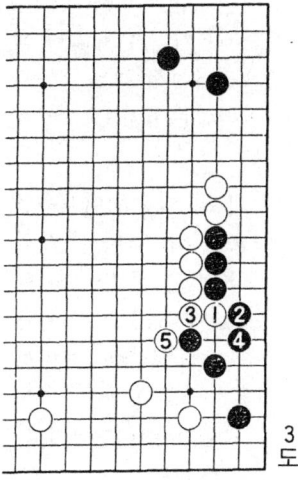

3도

2도 침입한 후의 공방인데 공방의 여지가 많은 곳이다.

백1은 당연하다. 흑은 2, 4로 연락을 한다. 백5에는 흑6까지 일단락이다. 이 다음 백의 단점에 관하여는 a의 곳이 쌍방간에 의외의 요점이다. 흑6까지 외길의 진행이다.

3도 흑6이 없다면 백은 1, 3에서 5까지 봉쇄을 한다. 흑의 집이 크지가 않다.

백1에 흑2의 젖혀나감은 어쩔 수 없는 궁여지책의 수이다. 백3의 이음에 흑4의 이어나감도 당연한 수이다. 이에 대해서 백은 5로 젖혀 흑의 진출을 봉쇄한다. 결국 백의 외세의 막강함에 비하여 흑의 실리는 보잘 것이 없다.

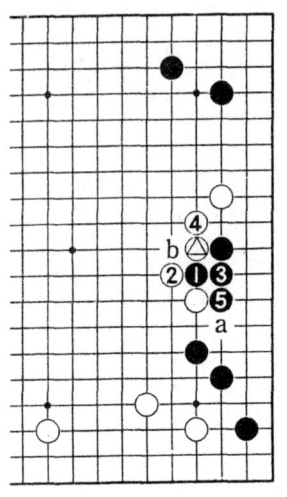

4 도

4 도 백△의 붙임으로는 a이면 흑은 b의 곳을 나간다. 자, 백△에 대하여 흑1의 끼움이다.

기백이 있는 수이다. 흑5까지이다.

흑1에 백2의 막음은 당연한 수이다. 흑3의 이음 역시 자연스러운 수순이다. 백4의 굳힘에 흑5의 이어나감이 그다지 나쁘지 않은 수이다. 다음 백의 응수가 문제이다. A냐, B냐, 백으로서는 심히 갈등이 일어나는 곳이다.

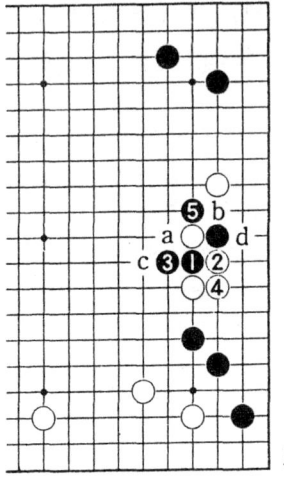

5 도

5 도 백2로 아래쪽을 두는 수도 있다. 흑5의 축은 흑의 불리이다. 백 a로 나감은 곤란하다. 흑b, 백c로 백이 유리하다.

축이 나쁘다면 d의 곳을 건너간다.

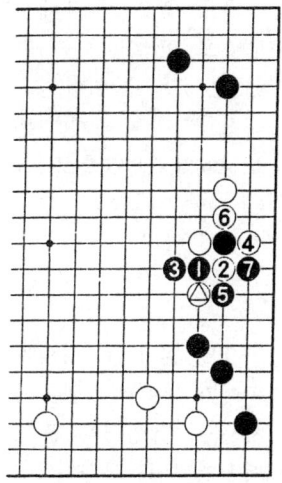

6 도

6 도 백 2, 4 에는 한 점을 잡는 수이다. 흑은 5, 7 로 조여나간다.

이 모양에서 흑 7 의 단수 다음에 ─

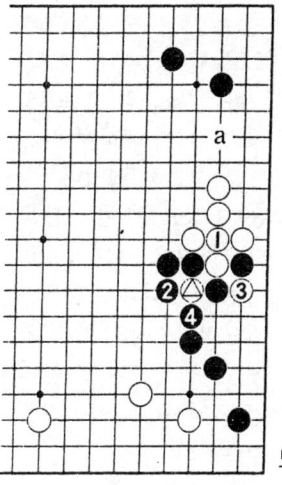

7 도

7 도 백 1 에 이음이 좋다. 흑 2 에는 3 으로 끊는다.

흑 4 로 때린 모양에서 모양이 중복이다.

이 도에서는 앞의 2 도에 비하여 백이 유리하다.

흑 2 로 3 은 백 a 로 둔다. 그래도 맛이 남아 있는 곳이다.

여기에서 결론은 4 도이다.

사족이 없은 수는 없지만 문제는 도에서 2, 3 의 취함이 있다는 사실이다.

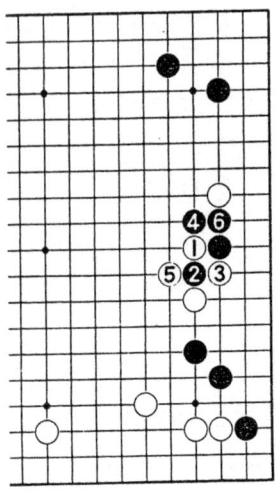

8도

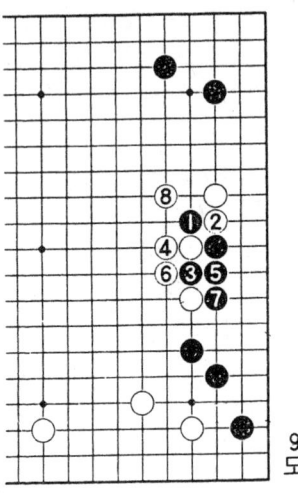

9도

8도 흑 2, 백 3에서 흑 4로 반발을 하는 수는 생각할 수 없다.

접근전에서 크게 나쁜 모양이다. 백 3으로 5의 방향은 흑 4의 단수 반발이 있다.

9도 흑 1의 젖힘은 속맥의 예이다. 흑 7까지 목적 달성임을 본다. 백 8까지 된 모양이 두텁다. 2도보다는 떨어진다. 백 8은 정직한 씌움이다.

흑은 과감히 1로 젖혔다. 이에 대하여 백은 2로 당연히 끊었다. 흑은 3으로 백 한 점을 단수하였고, 백은 4로 당연히 이었다. 흑 5는 필연적인 이음이다. 백 6에 대한 흑 7의 이어나감도 역시 자연스러운 수순이다.

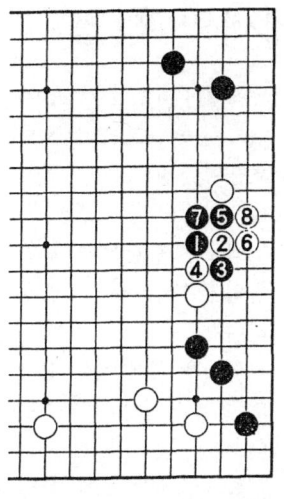

10도

10도 흑1의 높은 침입도 있다. 이것은 백8까지가 보통이다. 백의 모양이 견고하여져서 7까지 된 모양이 부담스럽다.

이런 곳을 중급자가 두는 것을 볼 수가 있다. 사족같지만 주의를 요하는 곳이다.

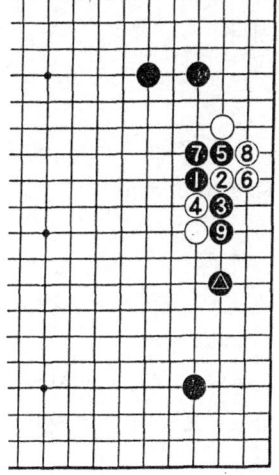

11도

11도 높은 침입에 대하여는, 여기에서 흑⬤의 위치가 있는 곳이라면 다르다.

흑3에서 9까지이다. 흑1의 낮은 침입과 비교하여 보기 바란다.

제14형 마늘모에서의 침입

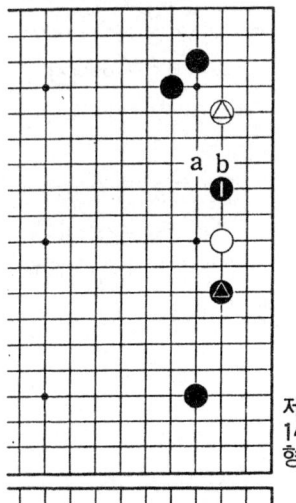

제14형

흑▲의 4칸 벌림이다. 위쪽에는 마늘모로 호응이 되어 있는 곳이다. 상당히 좋다.

백 a의 지킴으로 b의 침입을 막는 것이 온당하다.

흑 1의 침입에는 얼마의 출혈을 각오하여야 한다.

흑 1을 a의 곳에 두면 b의 붙임이 있어 의문이다.

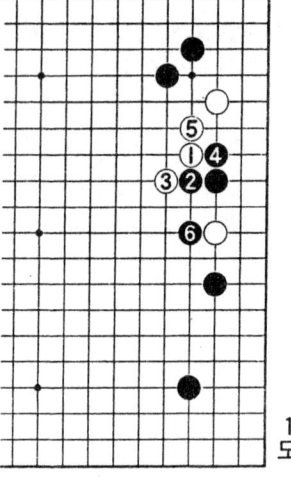

1도

1도 직접 침입을 한 돌에 압박을 한 수는 없다.

백 1이다. 이하 6까지로 백 1점이 탈출을 할 수가 없다.

돌의 세력에 비하여 압도적으로 백의 불리이다.

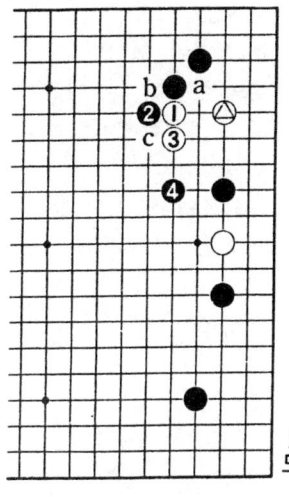

2도

2도 백⚫의 상태에서 1의 곳에 붙이는 수이다.

흑2에는 백3으로 뻗는다. '붙이거든 젖혀라' 하는 바둑 격언의 하나로 기본적인 테크닉이다.

흑4의 뜀으로 추격을 하면 갇힌 백 1점을 움직일 여유가 없다.

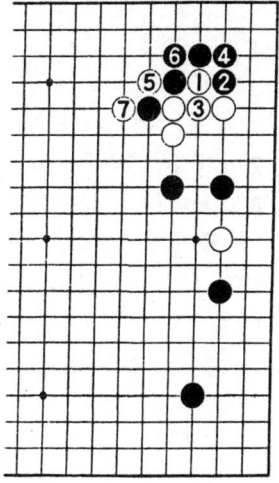

3도

3도 백1의 끼움도 유력하다. 축이 유리하지 않다면 둘 수가 없다.

흑2, 4는 강수이다. 백5, 7까지 축이다. 축이 되지 않는다면 백은 대악수이다.

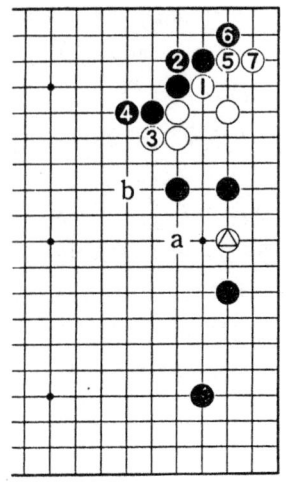

4도 흑도 축으로 잡
히는 것이 싫다면 2의
곳의 이음이다. 백 3에
서 5, 7의 젖혀 뻗음
까지이다.

위쪽의 흑이 견고하다.
백 7로 된 다음에 흑 a
나 b이다.

백 ◎ 는 고립이 된다.

4
도

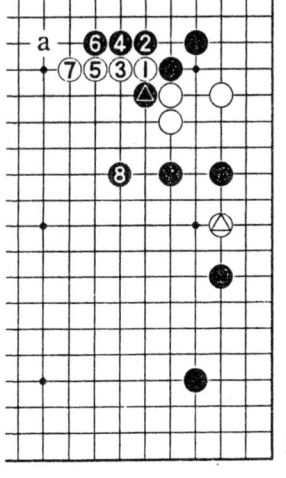

5도 백 1의 끊음이
다.

흑이 3의 방향에서
의 단수는 위험하다. 백
7까지 된 다음에 흑은
8의 뜀이다.

백 ◎ 의 움직임을 제어
한다. a의 곳을 뛰는 것
은 급하지가 않다.

5
도

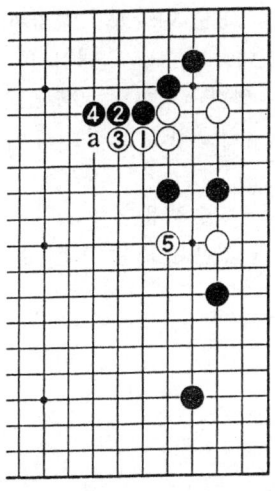

6 도

6도 계속 진행하여 나 간다면 백 1이다. 5선은 어찌하여도 집이 된다. 용기가 요하는 곳이다.

다음에 백 5로 움직여 나간다. 이 다음의 전투 가 미정일 수밖에 없다.

이 도는 먼저 4도와 같이 유력하다.

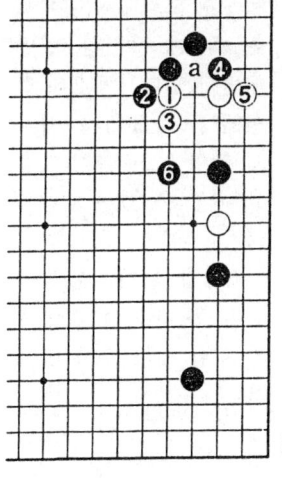

7 도

7도 백 1, 3의 붙여 늘음이다. 흑은 4의 마 늘모가 좋다. 백 5에는 흑 6의 뜀이다.

백이 먼저 a 의 곳을 두게 되면 마늘모의 초점 을 놓친다. 백은 5의 곳을 두지 않을 수가 없 다.

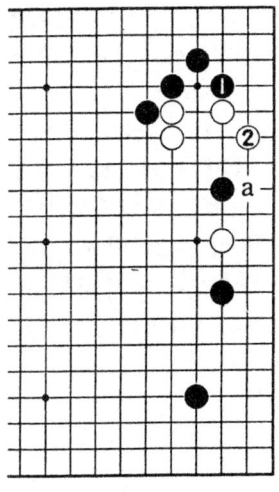

8 도

8도 마늘모 붙임에 대하여 그냥 내려서는 것은 정직하다. 백 2 는 a의 붙임을 노리는 수이다.

백 2 의 응수는 a의 건너감은 노리는 좋은 수이다.

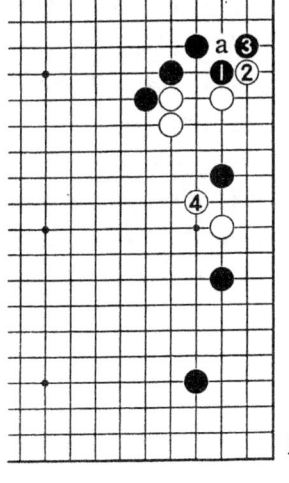

9 도

9도 그러나 이곳에서는 백에게 강렬한 반발 수단이 있다. 백 2 의 젖힘이다. 흑 3 에는 백 4 로 침입을 한 돌이 고전을 피할 수 없는 모양이다.

흑 3 을 두지 않으면 a 의 곳 단수 다음에 3 의 곳을 잇는 수가 남는다.

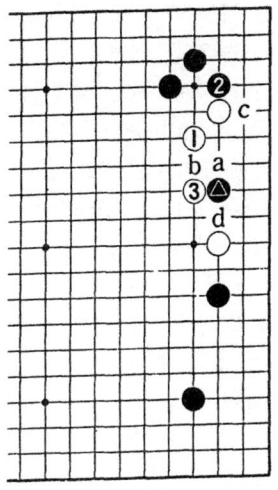

10도

10도 백1의 마늘모는 다음의 견실한 진행을 내다 본다.

흑2의 마늘모에는 백은 3의 곳을 붙인다.

흑●의 돌은 a, 백b, 흑c, 백d의 진행이 있는 곳이다. 백의 모양을 정비할 수 있는 한 방법이다.

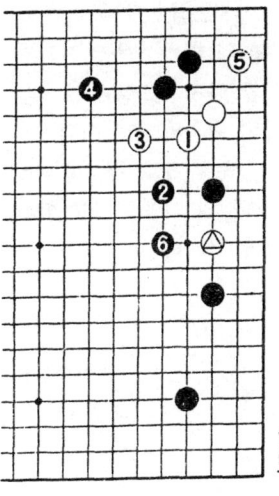

11도

11도 백의 마늘모에 대하여는 흑2의 뛰는 수도 자연스럽다.

이하 뜀뛰기에서 백5이면 흑은 6으로 씌운다. 백●가 움직일 수 없다.

백1의 마늘모에 대해 흑은 2로 한 칸 뛰기를 단행하였다. 이에 대하여 백도 3으로 한 칸을 뛰어나갔다. 흑4에 대하여 백5의 날일자는 당연한 수라고 볼 수 있다.

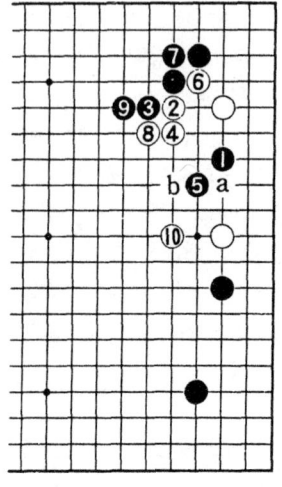

12도
도

12도 흑 1 로 침입을 하는 것은 의문이다. 이 유는 간단하다. 백 2, 4 는 예상된 수순이다.

흑 5 의 마늘모가 필요 하다. 이하는 연구할 수 있는 수순이다.

a 의 침입이라면 직접 b의 곳을 둘 수가 있지 만 5의 곳은 아무래도 발이 늦다.

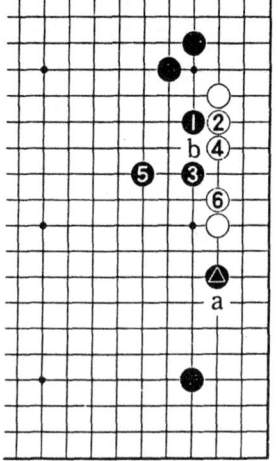

13도
도

13도 최초로 돌아가 흑 ❹의 다가섬에서 침입 을 하지 않고 흑 1, 3 으 로 위쪽의 누름이다.

흑 3, 5 로 된 모양은 흑b 의 뻗음보다는 한결 더 경쾌하다.

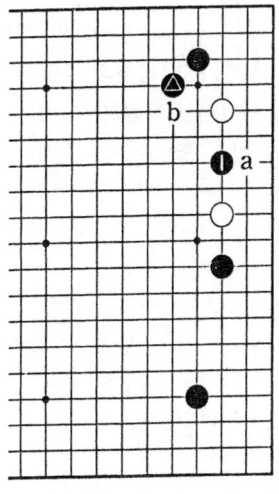

14도 먼저의 예는 4칸 벌림이었지만 지금은 3칸 벌림이다.

침입의 장소로는 역시 흑 1 이다. 이점이 위력을 발휘한다. 이것은 흑 ⓐ와 상응한다.

백은 a 의 곳이 맥이다.

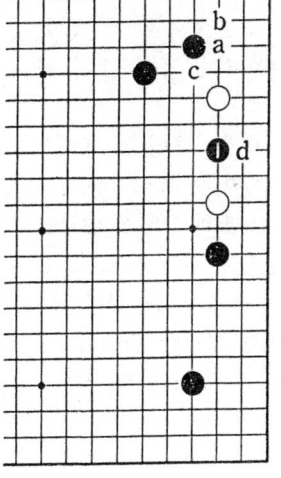

15도 지금의 도는 백의 3칸 벌림에 대하여 흑은 날일자이다.

이 케이스는 백 a , 흑 b , 백 c 가 있는 곳인데 ……

14도, 15도에 돌이 변화의 여지가 있다. 나중의 공방은 한칸 차이의 공방이다.

정석 후의 침입(5)

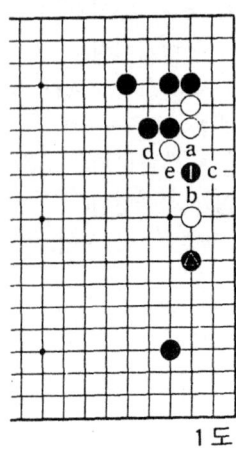

1 도

1도 화점에서의 붙임 정석이다. 흑❷가 다가서 있는 모양에서 1의 곳의 침입이다.

백a 는 흑b 로 고전이다. 유력한 수는 c 의 곳의 붙임인데 이것은 수순이 길다. 백은 결국 사석작전을 감행하여 외세를 정비한다.

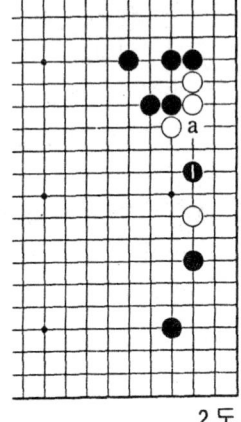

2 도

2도 한길이 더 넓은 곳이라면 흑은 1의 곳이다.

백은 공방을 통하여 모양이 우그러진다.

흑1의 침입은 상당한 명분을 가지고 있다. 만약 흑1이 무사하다면 백은 상당한 타격을 입게 될 것이 분명하다.

제2장

실전의 침입

이 장에서 취하는 것은 실전에서 두는 방법의 예이다.

실전에서 침입을 결행하기 위해서는 다음의 3가지를 검토하여야 한다.

1. 전국적인 판단의 침입이다. 침입으로 득이 되는가 그렇지 않는가를 살핀다.

2. 이 침입에 있어서 침입이 최적지가 되는 곳인가를 살핀다.

3. 침입한 후의 공방에 있어 불리한가 그렇지 않은가를 살핀다.

이것을 어느 정도 마음에 두고 있다면 쉽게 감각을 익힐 수가 있다.

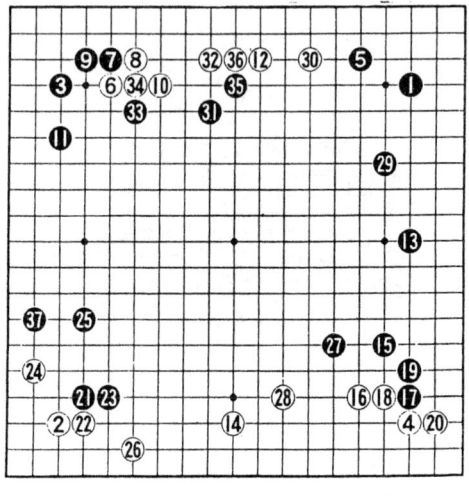

침입까지의 수순

△제1국△

침입의 시비

침입까지의 수순

혹37까지이다. 수순까지를 살펴보면 쌍방간에 집모양
이 견고하다.

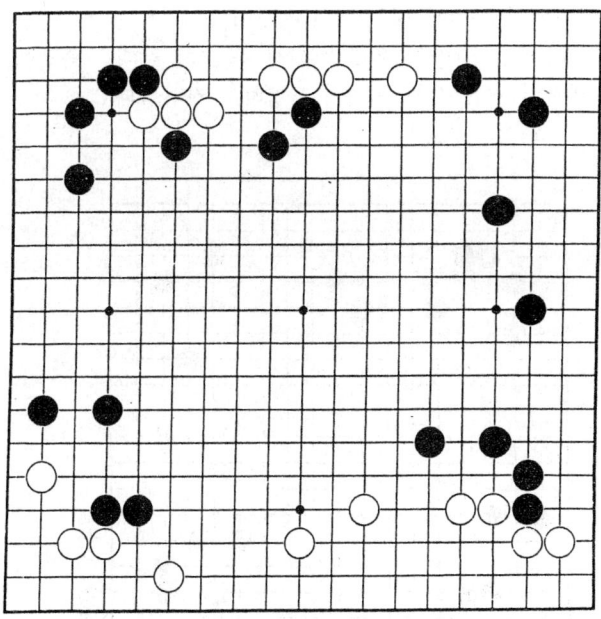

〈과제도〉

134

과제도(課題図)

이 국면에서는 백이 선수이다. 남아있는 큰 곳은 좌변이다. 침입과 침입 후의 두는 방법에 대해서는 2가지 방법을 생각해 보아야 한다.

실전의 경과(1)

이 바둑은 나의 백번이다. 백1의 침입이다.

침입의 장소로는 여기가 좋다.

공방의 급소가 아닐 수가 없다.

여기에서 좌변에 대한 나의 전법이다.

1도 백1의 어깨짚기를 생각해 볼 수가 있다. 혹2에는 백3의 뻗음이다. 가볍게 삭감하는 전법이다.

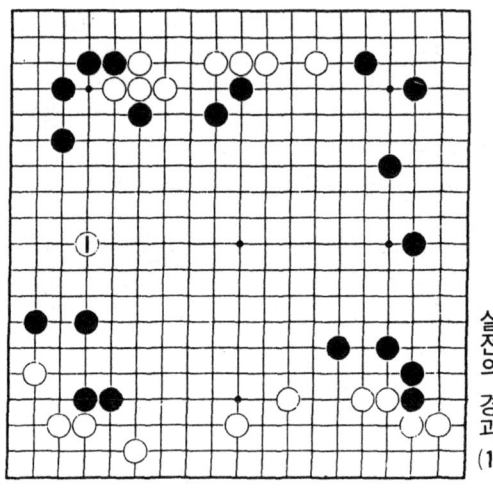

실전의 경과 (1)

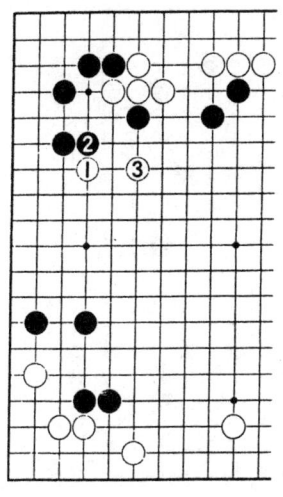

1 도

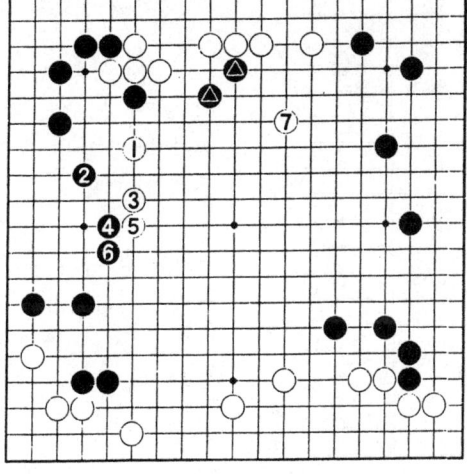

2 도유력한 곳으로는 백 1의 급소 일격이다.

좌변에 대한 전법으로 흑은 2, 4이면 백 7로 모양을 갖춘다. 이것은 세기(細碁)이다.

이런 모양에서의 침입은 이 한 수이다. 2 도도 유력하다고 보지만 기분에 치우친 수이다.

2 도

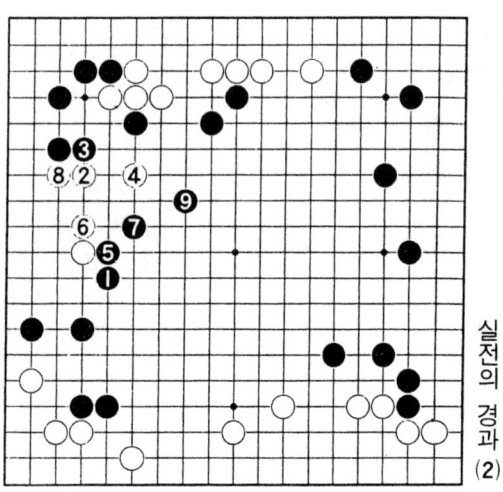

실전의
경과
(2)

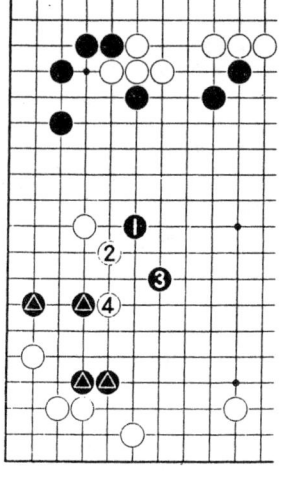

3
도

실전의 경과 (2)

침입에 대하여 흑1에
서 9까지는 실전의 경
과이다. 중앙을 두텁게
두는 수이다.

3도 흑1의 모자도
생각할 수 있다. 이것은
한길의 차이이다. 돌의
방향착오이다. 백2에는
흑3이다.

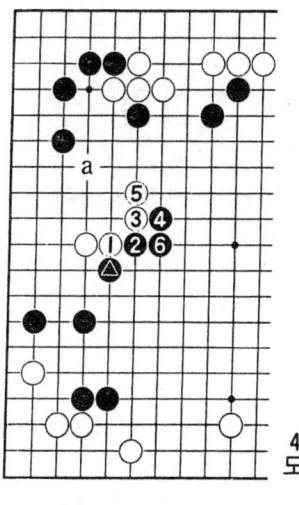

4 도

4 도 백도 흑●에 대하여 1의 곳을 올라서는 것은 정직하다.

흑은 2, 4로 좋은 모양이 아닐 수 없다. 중앙을 두텁게 하는 작전이다. a 의 곳의 어깨 짚음도 요령이다.

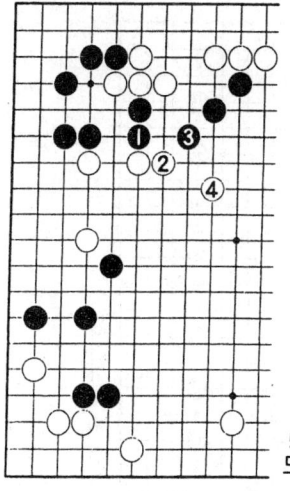

5 도

5 도는 실전이다. 흑 5의 변화이다. 흑1, 3이 강수이다.

백이 2, 4로 중앙방면에 나가서는 실전과는 큰 차이이다. 흑은 공배만 둔 모양이다.

이 그림에서는 백이 실리를 거두고 있는 반면에 흑은 별로 소득을 얻지 못하고 있다. 이것은 곧 백의 효과적인 공격에 흑이 말려든 모양이다.

△ 제 2 국 △

궁여(窮余)의 3·3침입

나의 흑번이다. 이 바둑은 포석에서 나에게 문제의 수가 나와서 곤란한 국면이 야기되었다.

침입의 수단을 생각해 볼 수 있다.

침입까지의 수순

본 문제는 지적할만한 곳이 2～3곳이 있다.

여기에서 백28까지의 수순을 한 눈에 볼 수가 있다.

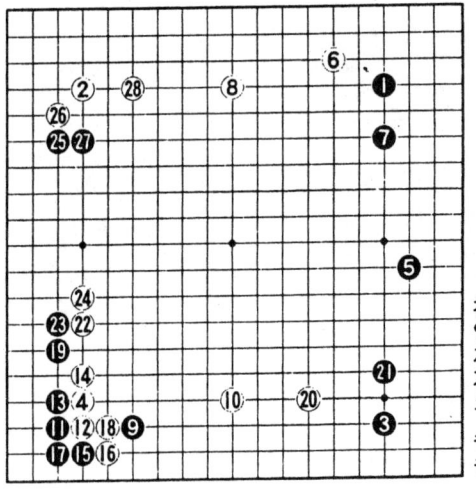

침입까지의 수순

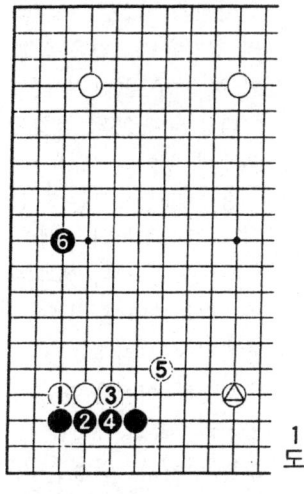

1도

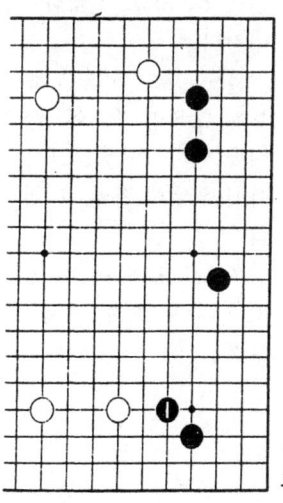

2도

중국류에 대하여 3연성이다. 물론 여기에는 호각의 삭감방법이 있다.

백은 10의 3칸 협공에서 12의 쪽의 내려섬이다.

1도 3칸 협공에서 백 1의 방향에 내려서는 것은 모순이 아닐 수 없다. 백△와 5의 관련성이 엷다.

여기에서 흑 6의 갈라침이다. 백 1의 방향에 내려서는 것은 6의 방향에 백돌이 있을 때에 한한다.

백 20에 대하여 흑 21의 받음이다.

2도 흑 1의 마늘모는 중국류의 특이한 구상이다.

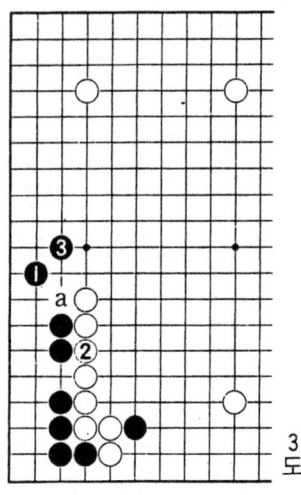

3도

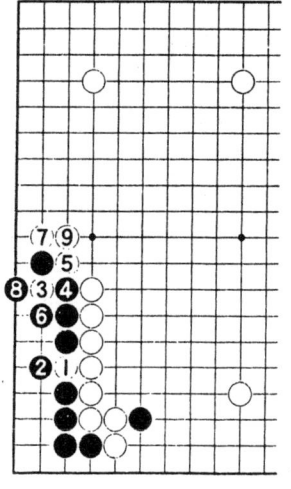

4도

실전은 백22의 씌움의 전법이다. 넓은 전법이 아닐 수 없다.

다음의 흑25의 걸침이 문제의 수이다.

3도 걸침으로는 흑1의 미끄러짐이다. 백이 a의 곳을 막는 것과는 큰 차이가 난다. 이 수는 용이한 이해가 있다.

백2의 이음은 단점보강이다. 흑의 약점을 노리는 수이다. 흑3은 지키는 모양으로 진행하여 나간다.

4도 흑이 마늘모로 두지 않으면 백1이 성립을 한다. 이것은 백9까지 완전히 봉쇄가 된다.

흑4로 6은 백4나 5의 곳이다. 백5, 흑4, 백7로 본도와 같다.

과제도(課題図)

자, 이런 모양에서 어떻게 두어야 하나? 걸침인가, 미끄러짐인가, 여기에서 흑이 두는 수는 예상 이외의 수이다.

흑A나 흑B가 보통이고 흑C의 벌림도 생각할 수 있는 곳이다.

나의 생각은 타개책의 모색이다. 침입의 수단을 노려야 한다.

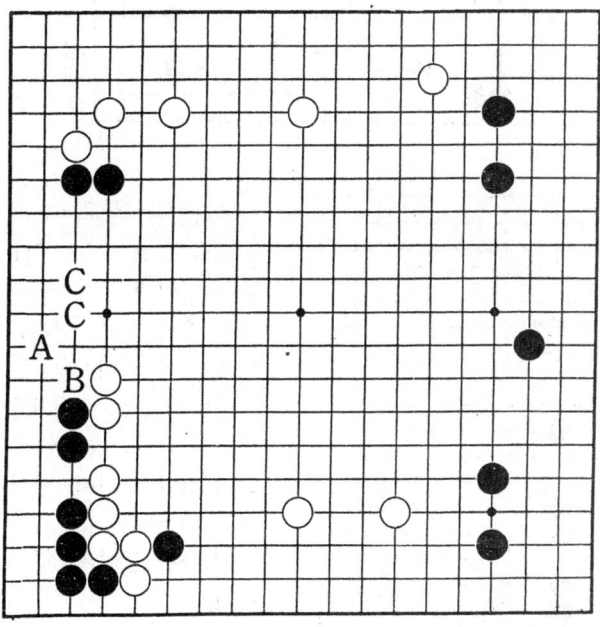

〈과제도〉

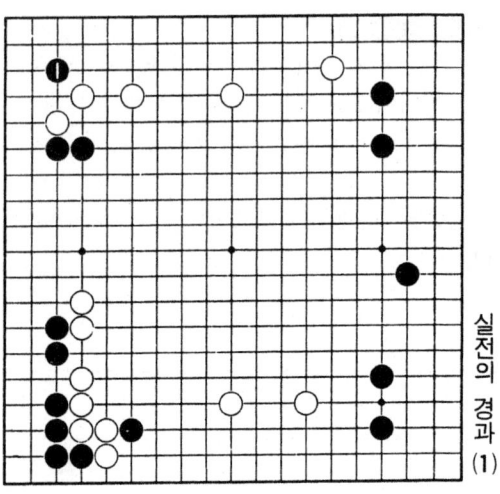

실전의

경과

(1)

실전의 경과(1)

다음의 한 수는 흑1
의 침입이다. 여기에서
흑이 좋지 않은 결과는
있을 수가 없다.

평범한 수로 전기를
찾아야 한다. 복잡한 수
를 택하면 국면이 열세
가 되기 쉽다.

이 수는 궁여의 침입
이다.

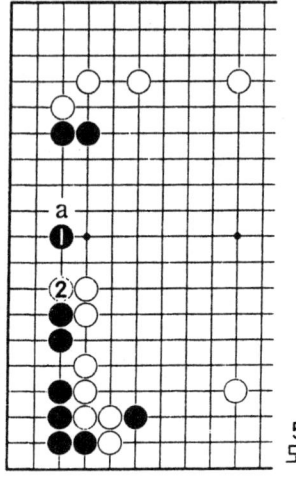

5
도

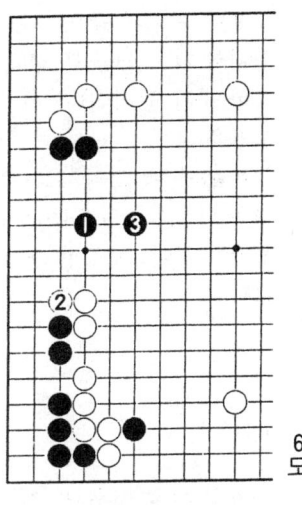

5도 3·3침입 이외의 수를 검토하여 보기로 하자.

흑1의 3칸 벌림이다. 부분적으로는 입체적이나 백2의 내려섬이 있어 엷다. a 의 곳 같은 끊음이다.

6
도

6도 흑1의 높은 벌림이다. 백2에 흑3의 뜀이다. 이것은 기분에 치우친 감이 농후하다.

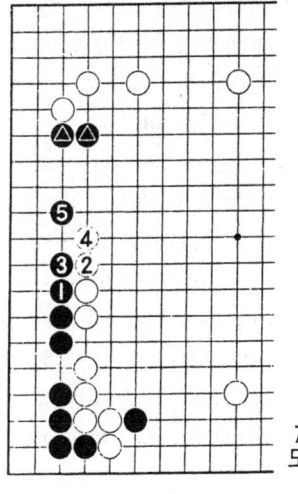

7
도

7도 다음 흑 1 이하의 건너감도 불만이 아닐 수 없다.

흑5는 흑▲표와 중복이 된 느낌이다.

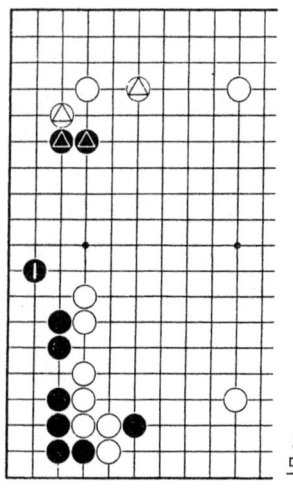

8도

8도 흑1의 달림이다. 앞에서 나온 3도와 비슷한 수의 등장이다. 자, 모양을 보기로 하자.

흑▲와 백⊘의 교환이 있다. 흑1의 수는 불만이 없다고는 할 수 없다.

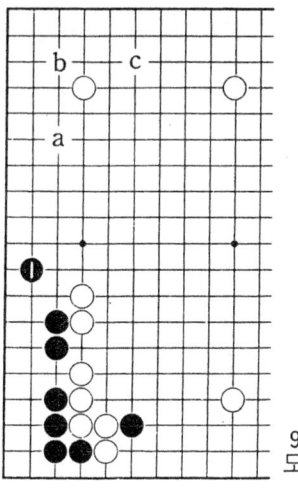

9도

9도 이 모양에서 흑1의 미끄러짐이다. a의 방향에 걸침이 없다. b의 3·3이나 c의 곳 걸침을 내다본다.

8도와는 다르다.

여기에서 백은 먼저 흑의 제 일착인 1의 움직임을 올바로 꿰뚫어 보아야 한다. 흑이 1로 날일자 걸침을 하였을 때, 백은 흑의 다음 의도를 냉철하게 분석하여 대응하여야 한다.

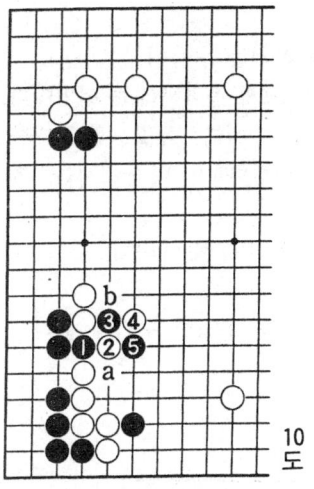

10도

10도 흑 1, 3으로 나
가는 수가 있다. 백 4로
되어 축이 불리하다. 이
때 흑 5의 끊음이 맥이다.
  백a 에는 흑b 이다. 또
한 백b 에는 흑a 이다.

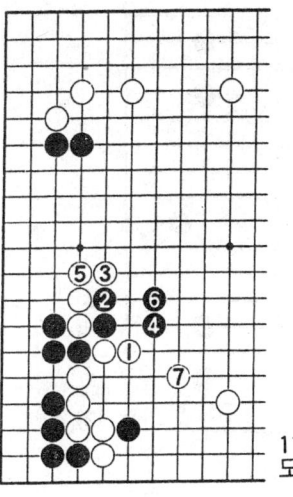

11도

11도 여기에선 백에게
책략이 요구된다. 흑 2
로 움직여 나가서 싸운
다.
  변화를 표시하여 보면
백 7 까지이다. 전도와 비
교하여 상당한 차이가
난다.
  백 1의 세워나감에는
흑 2의 눌러나감이 적절
한 수이다. 이에 대해
백 3의 젖힘수는 흑 4를
요구하고 있다. 백은 5
로 잇지 않을 수 없다.
흑 6도 필연적인 수이다.
백은 7로 아랫녘의 광
활한 대지를 굳혔다.

실전의 경과(2)

백1의 내려섬은 집을 크게 하려는 수이다.

만약 흑이 다른 곳에 둔다면 크게 공격하려는 전법이다.

12도 백1로 반대쪽을 누르는 수이다. 흑2, 백3 다음 선수를 취하여 다른 곳으로 전환한다. 이 바둑에서는 흑2의 젖힘이 외길이다.

흑a 에는 백b 이다. 흑은 c 의 곳도 유력하다.

백1의 내려섬 이하는 정석 수순이다.

백은 여기에 대한 댓가로 중앙을 공격할 수밖에 없다.

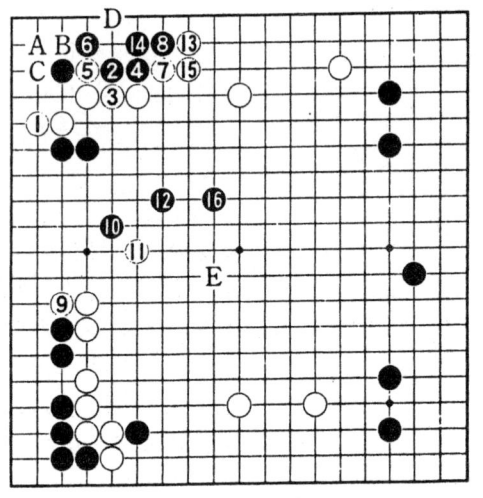

실전의 경과 (2)

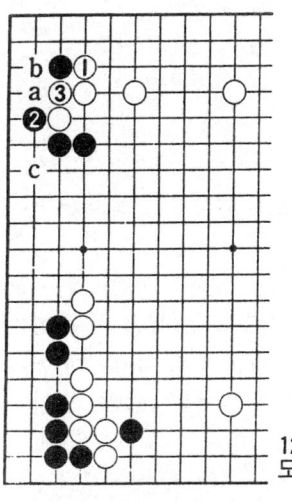

흑16 다음 백 A 이하 백 E의 경과가 있다. 경과가 있다. 도중 백 13 으로는 13도도 가능하다. 흑10까지 상변이 황량하 다. 백 a 의 이음이나 b 의 곳을 두어 공격을 계 속한다. 어쨌거나 흑의 3·3침입은 깊이 생각 하여 방향을 전개한다.

12
도

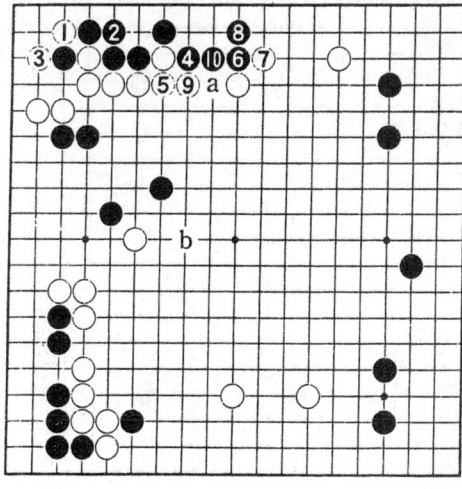

13
도

△ 제 3 국 △

정석의 침입

침입까지의 수순

나의 백번이다. 혹은 3연성으로 외세대 실리의 포석이 다.

백16의 마늘모가 주목할 점이다. 저위로 두는 것은 상변일대가 낮게 되어서 나쁘다. 서로가 큰 곳을 두면 19까지 일사천리의 진행이다. 자, 다음은 백의 차례인데 어디다 두어야 할까? A의 걸침, B의 다가섬, C의 날일자 등이다. 일응 A와 B는 좋은 점이다.

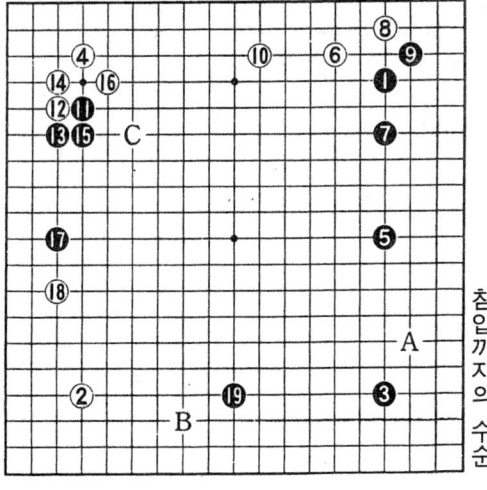

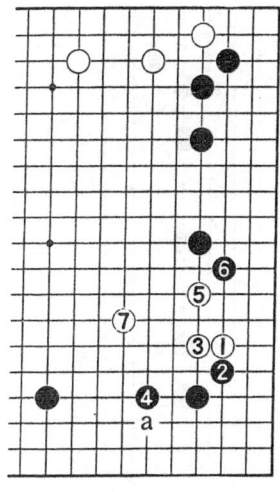

1도 백1 이하는 3연성 포석에 자주 나타나는 모양이다. 백1로는 a의 방향이 반대이다.

2도 백1은 세력상의 요충지이다. 흑2에서 4 세력다툼이다.

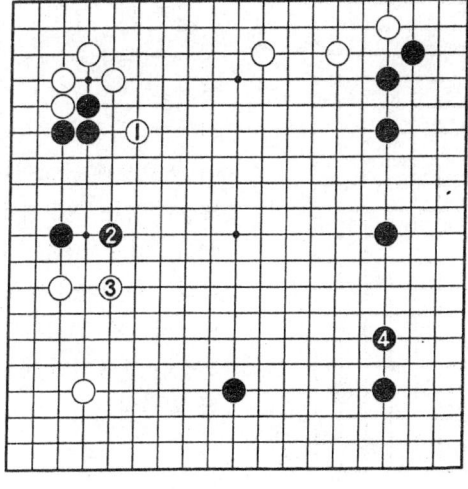

2
도

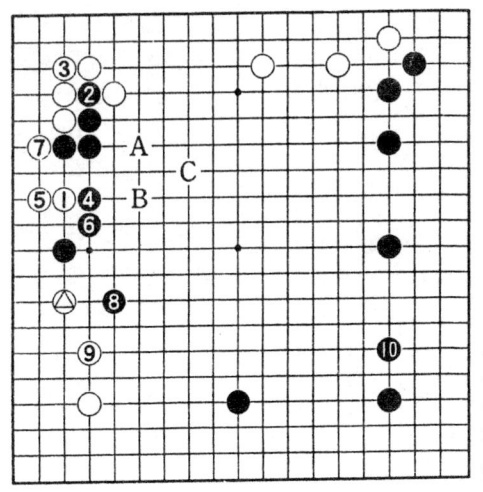

실전의 경과

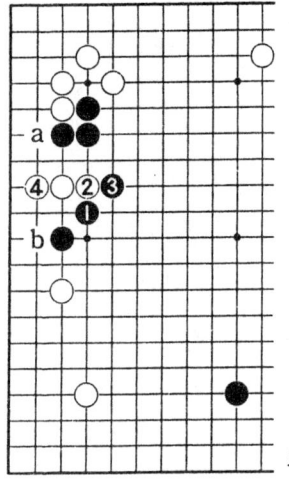

3도

실전의 경과

나는 백1로 침입을 하였다. 백△의 다가섬 이 있기 때문이다. 이곳 이 포석상의 급소이다. 혹2 이하는 실전의 진행 이다. 백9까지는 호각 이다. 혹10다음 백A,혹 B, 백C의 진행이다. 혹2나 백5의 수에 주목 할 일이다.

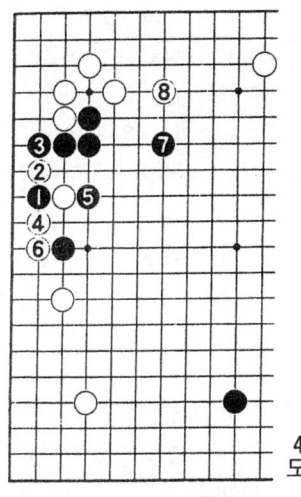

3도 흑1의 마늘모는 정석으로는 무리이다. 백 2, 4로 a 나 b가 맞보기이다. 흑의 외벽이 엷다.

4도 흑1의 아래붙임이다.

알기 쉽게 둔다면 백 2에는 흑3으로 나간다. 5에 끌고 백6까지이다. 이 정도의 침입은 당연하다.

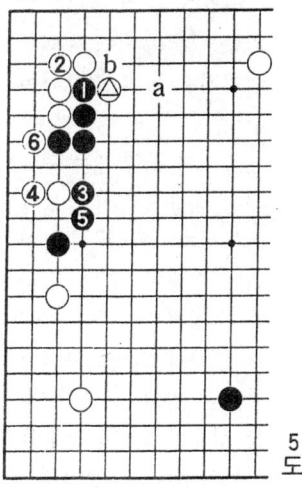

5도 백의 침입에 흑 1의 돌파이다. 여기에 선 백⊿가 마늘모이다. 백2 이하 6까지 실전의 진행이다. 장래 a 의 공격이 있지만 흑1이 효과적으로 b 의 곳에 약점이 남는다.

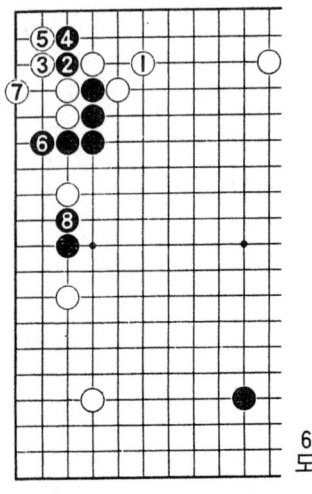

6도

6도 흑의 돌파를 방지하기 위해서는 백1의 지킴이다.

흑2의 끊음에서 6의 곳을 내려섬까지 선수로 둔다.

백은 귀를 지키지 않을 수가 없다.

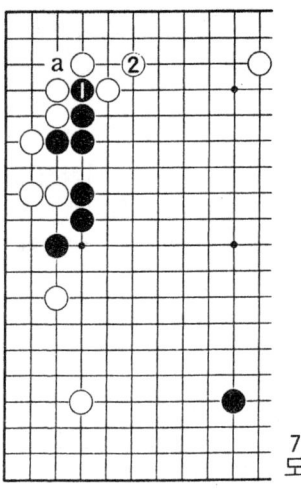

7도

7도 6도가 너무나 좋아서 흑1의 돌파하는 수이다.

백2는 a의 곳에 약점이 남는다. 맥과 맥의 연결점을 잘 살펴보아야 한다.

흑1의 돌파하는 수에 대한 대응으로서 백2가 적절하지 못한 수라면 과연 어떠한 수가 정확한 수일까? 바둑에 있어서는 무엇보다도 자신의 안전을 먼저 도모한 후에 상대방의 공격점을 찾아야 한다는 것이다.

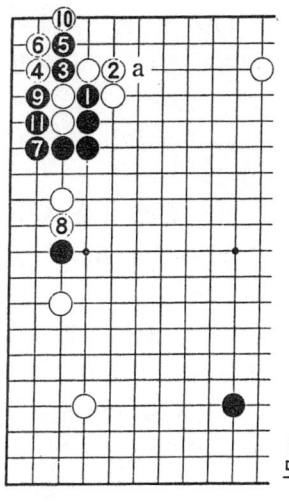

8 도

8 도 백 2 의 견고한 이음이다. 흑 3 에서 7 의 내려섬은 일련의 수 순이다.

백 8 로 움직이면 흑 9 다음 백 10 으로 건너간다.

만약 백이 a 의 곳에 벌려이음이 있는 곳이면 10 의 곳을 백은 둘 수가 없다.

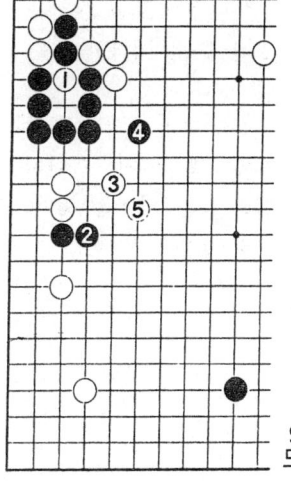

9 도

9 도 이 다음에 백 1 의 먹여치기이다. 2 점 을 잡지 않을 수가 없다.

이것은 공격을 강조하 는 백의 작전이다.

손해가 커서 무모하다 할 수가 있다.

여기에서는 백 1 의 먹 여치기에 대해서 흑은 2 로 한 점을 세워 나갔다. 백 두 점을 공격하여 돌 파구를 찾자는 의도이다.

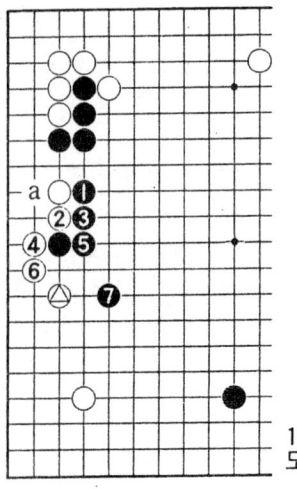

10도 실전은 흑1에 대하여 백a 의 내려섬이다.

이 내려섬이 돌의 모양이다.

백은 2의 곳을 부딪친 다음에 4, 6으로 건너갔다.

흑7이 좋은 착점이다. 흑도 엷은 모양이다.

실전의 결과에 대하여 백도 불만이 없다.

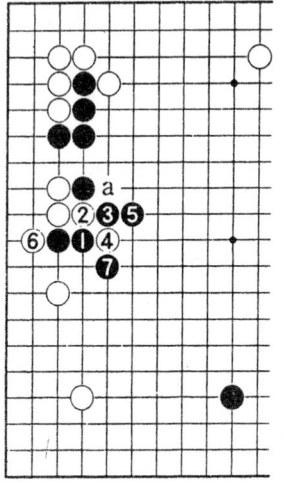

11도 흑1로 서는 것은 2의 곳을 허락하게 된다.

백2에서 4의 끊음 다음 백6까지 간단히 건너간다. 백4는 a 의 곳의 끊음도 있다.

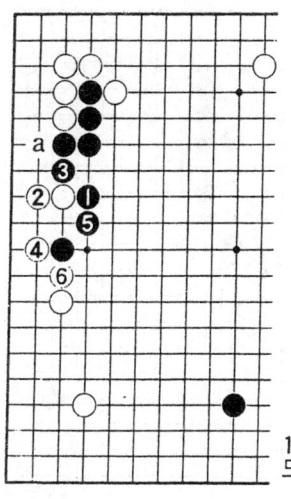

12도 흑1, 백2, 다음에 흑3은 a 의 건너가는 수를 막는 의미가 있다.

여기에서 흑3은 자체가 좋지 않은 모양이다.

백4로 건너가는 흑의 모양은 여전히 좋지가 않다.

12
도

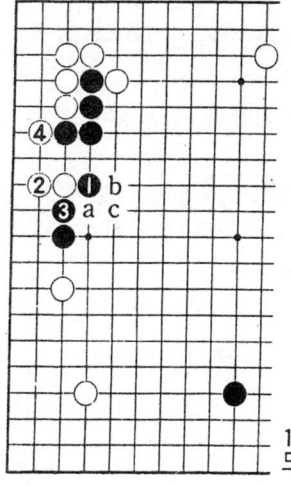

13도 또한 백2의 곳에 두는 수는 흑3으로 차단하고 4의 곳을 건너간다.

여기에서 백4의 건너감은 다음에 직접 a 의 곳의 끊음이나 b 의 곳을 노린다. a 의 곳을 끊으면 당장에는 흑c이다.

13
도

14도 백은 a 의 방향
에 건너감이 옳은 수이
다.

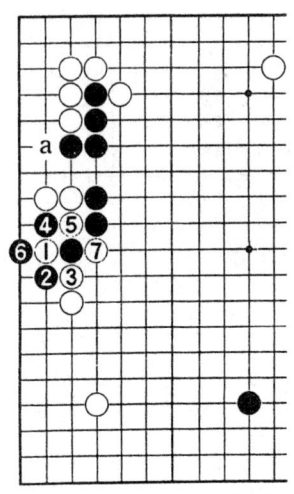

14도

백 1은 흑 2의 젖힘에
서 7까지인데 이 결과
는 백이 나쁘다. 최초에
백 1이 악수이다.

따라서 백은 처음부터
1의 자리에 둘 것이 아
니라, a의 곳에 젖혀서
넘어감을 시도했어야 한
다. 그 방법이 오히려
흑을 파괴하는 강력한
수단이 되기 때문이다.

이 패는 지금 결행할 수가 없지만 시기를 보아서 둔다.
자연히 백의 부담이다.

흑의 꽃놀이 패이다. 이상이 침입한 후의 공방의 맥이
다.

15도 이 다음 실전에는 백 1, 3으로 모양을 키운다.

백 3은 a 가 견실하다. 흑b 에는 여전히 백c 이다. 중
앙 일대를 삭감하는 것이 큰 수이다.

그래서 흑은 b 로 두지 않고 d 의 곳을 두어 삭감하여
온다.

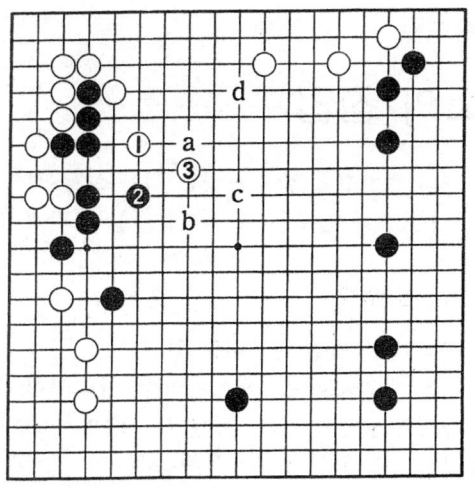

15
도

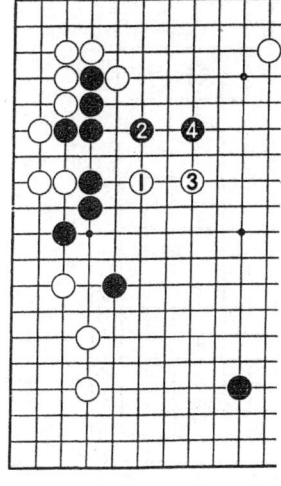

16도 여기에서 주의할 곳이 있다. 좌변에 흑돌이 없다면 이러한 공격은 난폭하다. 백 1, 3에는 흑 2, 4로 평이하게 나간다. 상변의 세가 삭감되어 이것은 패세가 짙다.

16
도

△제 4 국△

급소의 침입

침입은 거의 중반전에 결행을 하는 것이 보통이다. 포석 시기에 너무 이른 침입은 대세를 그르칠 수밖에 없다.

침입까지의 수순

서로가 포석의 큰 곳을 점유하고 있다.

앞에서 나온 제 3 국도 포석에서 중반의 급소이다. 본 문제에서는 급소의 침입이 있다. 어쨌거나 **13**까지 지키는 모양인데 백번으로 나의 침입이 문제이다.

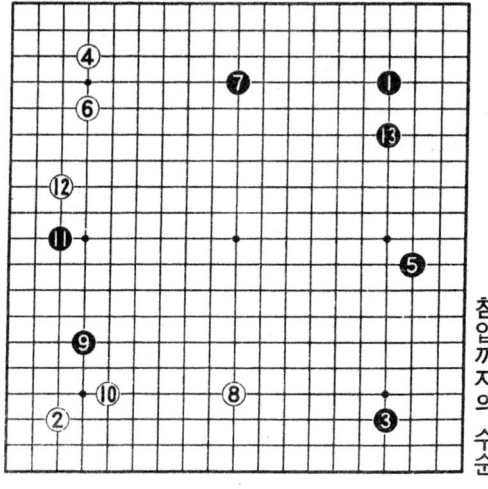

침입까지의 수순

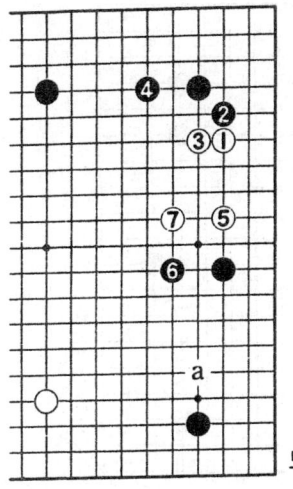

1 도

혹13까지의 수순도 주의를 요한다. 백12의 다가섬은 한칸 굳힘에 대한 좋은 점이다.

비상한 호점이 아닐 수가 없다.

1도 백1의 걸침이 유력하다. 혹2, 4는 상용의 공격이다. 백은 2칸 벌림 여지가 있다.

혹은 6으로 넓게 공격한다. 이런 배치에서는 백a 보다는 1의 곳이다.

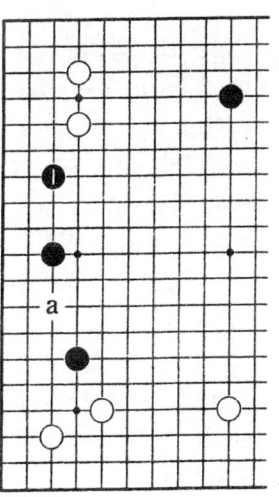

2 도

2도 여기에서 백이 전도의 좋은 곳에 둔다면 혹1로 둔다. 한칸 굳힘에 대한 다가섬이다.

백a 의 침입도 염두에 아니둘 수 없다.

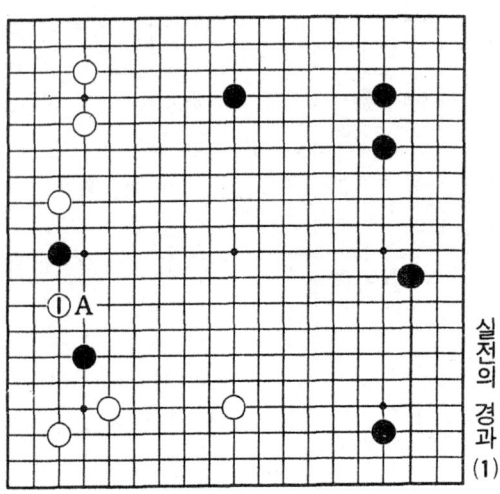

실전의
경과
(1)

실전의 경과(1)

　다음의 한 수는 백 1의 침입이다. 3칸의 벌림에 있어 약한 곳을 찌른다. 반상에서의 급소이다. A 의 높은 침입은 1의 붙임으로 의미가 없다.

　3도 백이 침입하지 않는다면 1의 곳이 급소이다. a 의 곳의 침입을 노린다.

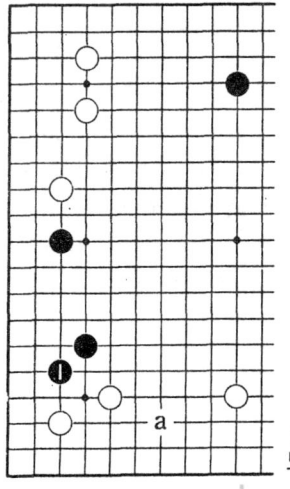

3
도

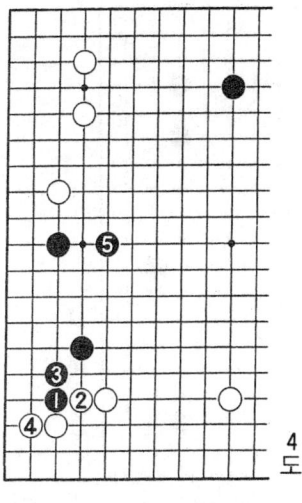

4도
도

4 도 먼저 흑 1, 3으로 두는 수가 있다. 침입을 방지하는 공격이다.

또한 흑 1, 3에 대하여 백 4의 내려섬은 절대의 한 수이다. 반대로 흑 4의 젖힘을 허락할 수는 없다.

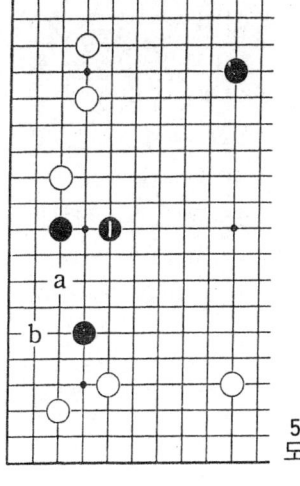

5도
도

5 도 같은 수비이지만 흑 1의 뜀은 중도반단이다. 백a 에 침입을 하는 맛이 있다. 또는 b 의 곳의 미끄러짐이 있는 곳이다.

따라서 바둑은 무엇보다도 그 수순이 중요한 것이다. 똑같은 상황이라 하더라도 그 수순에 따라서 결과는 판이하게 달라지는 수가 많다.

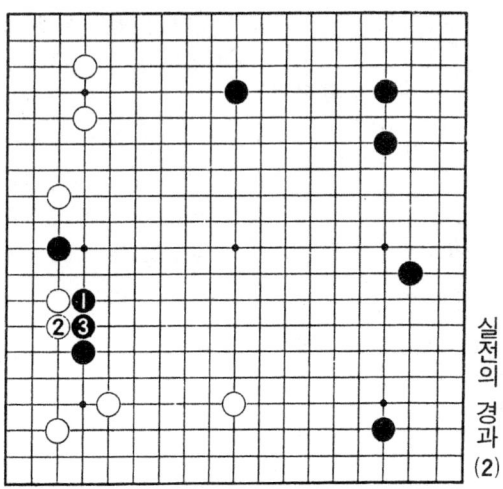

실전의 경과
(2)

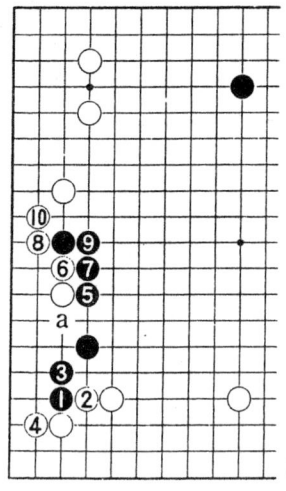

6
도

실전의 경과(2)

흑1의 붙임이다. 백
2의 뻗음에 흑3의 진
행이다. 흑1, 백2 모
두 본 수이다.

6도 여기의 변화는
흑1에서 10까지이다.

흑a는 손을 빼기도 한
다.

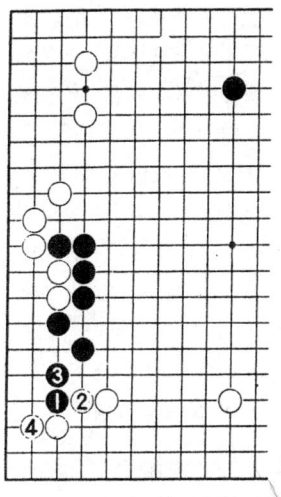

7도
도

7도 이 모양에서 흑1
,3의 붙여 늘음이다. 이것
은 너무나 둔중하다. 흑
의 이익은 어디에도 없
다. 6도에 흑a 가 가미
되어 있다.

흑1의 붙임에 백2의
젖힘은 당연한 수이다.
흑은 3으로 이어 나갔
다. 백은 4로 귀의 분
쟁의 요소를 제거하였
다.

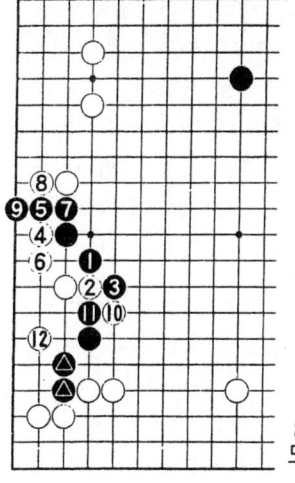

8도
도

8도 흑▲가 주어진
상태 내에서 1의 곳을
공격하는 수이다.

이것은 12까지 무리한
결론이다.

흑1의 마늘모 붙임에
백2의 세움은 당연한
수이다. 이에 대해 흑은
3으로 젖혔다. 백은 4
로 붙여 넘어감을 시도
하였고, 흑은 5로 젖혀
막아 이를 적극 저지하

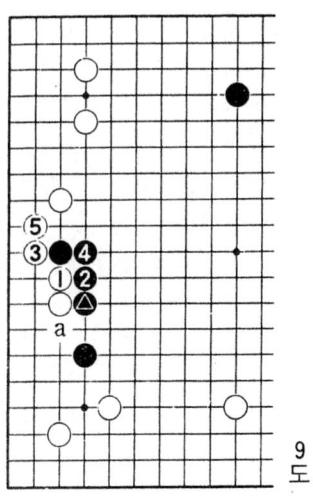

9
도

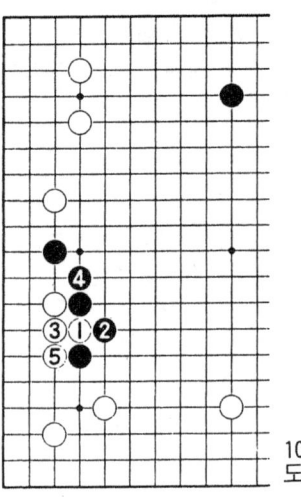

10
도

였다. 뒤따른 백 6 은 필연적인 수이다. 흑 7 에 백 8 이면 다시 흑 9 로 일단 백의 넘어감은 실패로 나타난다. 백은 다시 10 으로 흑의 세력권을 빠져나가려 했지만 흑 11 로 차단되었다. 어쩔 수 없이 백은 12 로 벌렸지만, 이 수 역시 신통할 것같지 않다.

9 도 흑 ▲ 의 붙임은 오직 이 한 수이다.

백이 두는 방법을 생각하여 보자. 백이 1, 3 으로 건너가는 수는 일정의 효과가 있는가?

흑은 일응 두텁고 a 의 곳에 좋은 점이 남는다.

10 도 다음에 백 1 의 끼움을 생각하여 볼 수가 있다.

여기에서는 백 5 까지가 기대된다.

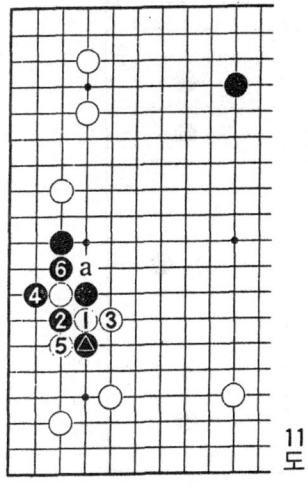

11도 도

11도 여기에서 흑2의
아래쪽 끊음이다.

흑●의 거리감과 연
관이 있지만 작지 않은
곳이다.

침입은 이후의 변화를
생각해 보아야 한다.

흑은 안정이된 뜻밖의
소득을 얻는다. 백3으
로 a 의 곳 단수, 흑3,
백6도 나쁘지 않다는
생각인데……

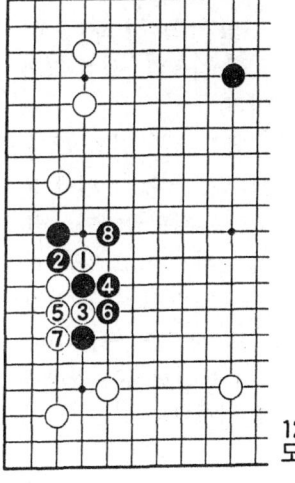

12도 도

12도 또한 백1의 젖
힘도 생각할 수 있다. 이
것은 나쁜 맥의 두는 방
법이다.

흑8로 1점을 잡지
않을 수가 없다.

백의 젖힘에 대해 흑
은 2로 끊었다. 백은 3
으로 흑 한 점을 단수하
였고, 흑은 자연스럽게
4로 이었다.

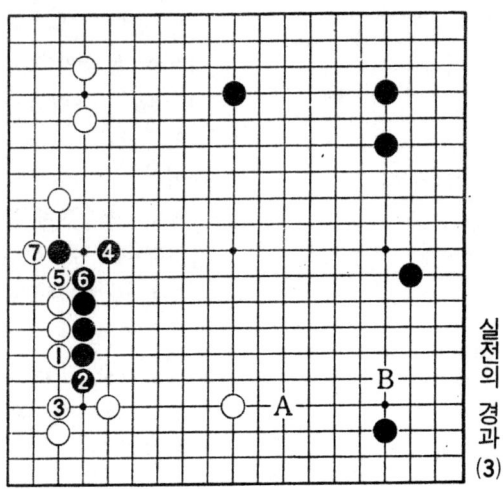

실전의 경과(3)

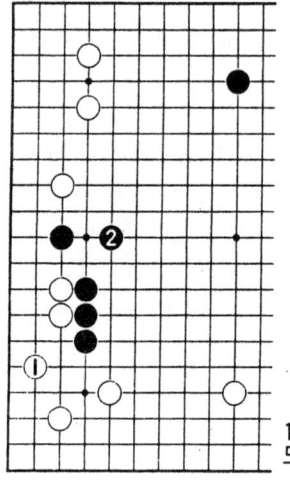

13
도

실전의 경과(3)

이 다음의 실전 경과이다.

백1, 3의 건넘, 흑4의 모양. 이것은 이하 5, 7까지 일단락이다. 흑이 A의 곳에 모양을 키우는 것은 B의 곳 침입으로 새로운 싸움이다. 백1 이하까지는 쌍방간에 최선이다.

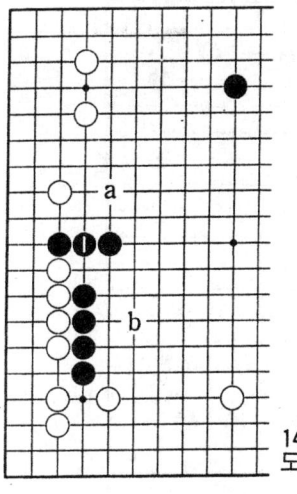

백 1로는 13도 백 1의 날일자도 가능하다. 다음 흑 2의 지킴이다.

본보에 비하여 흑백이 엷어 호각이다. 결국 흑 6까지이다. **14도** 흑 1의 막대기 이음은 속수이다.

백a의 뜀이나 b의 곳 급소에 다가서 대마를 크게 공격한다.

14
도

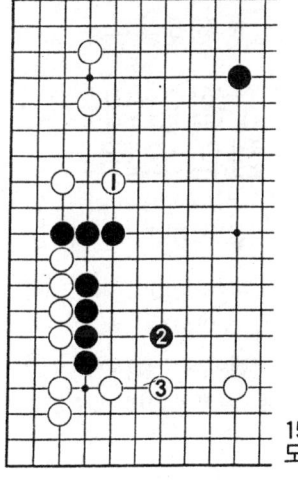

15도 백 1에는 흑 2의 지킴이다. 백 3에 받아서 하변이 백집으로 화한다.

흑 6은 두터운 좋은 수이다. 이외에 다른 곳에 둔다는 것은 생각할 수 없다.

15
도

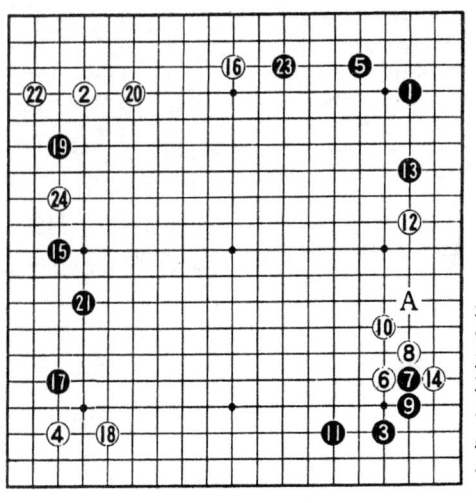

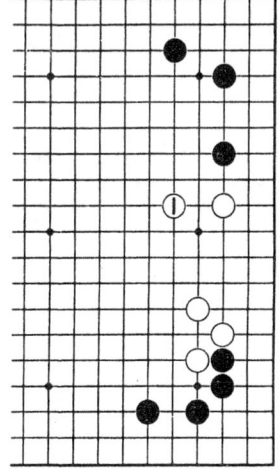

침입까지의 수순

△제5국△

침입에는
침입으로

침입까지의 수순

나의 백번이다. 초반
의 출발이다. 백24 까지
진행이다. 백14가 주목
할 가치가 있다.

1도

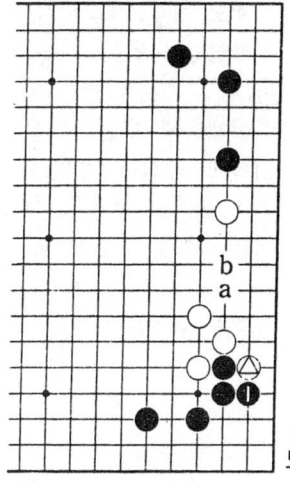

2도

1도 침입에 대한 지킴이라면 백 1의 뜀이다. 이것은 매우 입체적인 수이다.

2도 백△의 젖힘은 취향이다. 흑 1의 받음에서 a의 침입을 노린다.

제 2 선에서의 건너가는 수는 없다. 이렇게 되면 b의 곳 침입은 없지 않다.

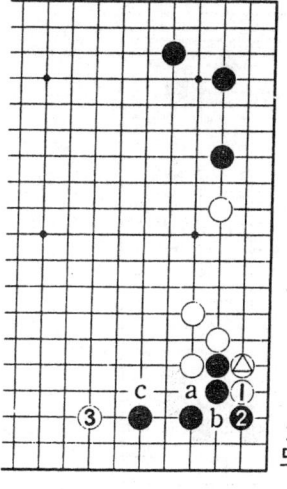

3도

3도 여기에서 백△의 젖힘에 대하여 흑이 손을 빼면 장래 백 1의 미는 수가 있다. 다음에 3의 다가섬이 유력하다.

백 1, 3은 백 a, 흑 b, 백 c의 봉쇄를 본다.

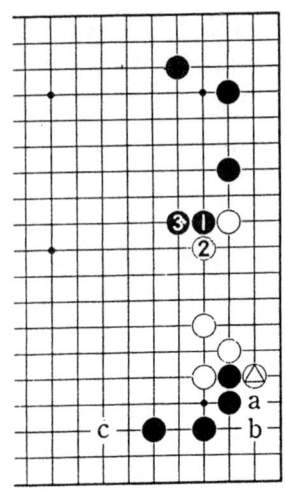

4도 백△의 젖힘은 일장일단이 있는 곳이다.

아래쪽에 두는 것은 위쪽에 약점이 생긴다. 흑1, 3으로 뻗는다. 문제는 중앙을 중시한다든가, 백a, 흑b, 백c로 강조할 수 있다.

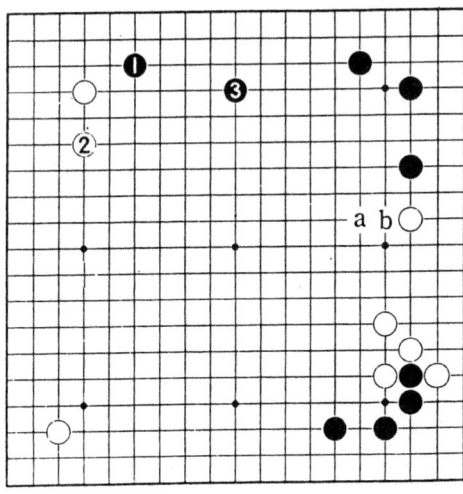

실전은 흑15까지 되었는데 이것으로는 5도 흑1, 3으로 두는 수이다. 백이 a이면 흑은 b의 곳이다.

상변의 외세를 중시하는 곳이다. 백의 아래쪽 젖혀 미는 수가 크게 위력을 발휘할 수 없다.

과제도 (**課題図**)

자, 여기에서는 흑▲와 백⦿의 배치이다.

다음에 흑의 한 수를 생각하여 보자. 좌측 방향이 전투의 요점이다.

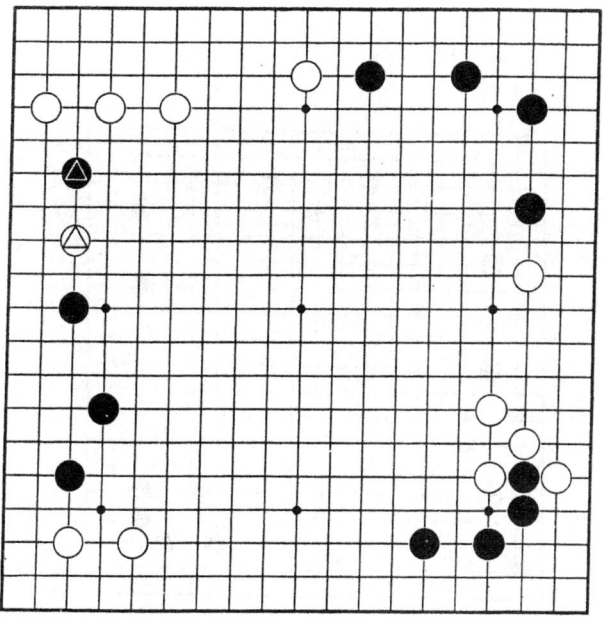

〈과제도〉

실전의 경과(1)

흑은 1의 곳의 침입이다.

백은 2의 마늘모로 1점에 대한 공격을 감행하였다.

6도 현재의 상태는 백△의 침입이다. 이것이 근시안적인 악수이다. 백2에서 4의 지킴이다.

백은 a의 건너감과 b에 붙여 타개하는 수를 노린다.

실전의 흑1의 침입은 흑▲를 가볍게 보고, 전선이 확대가 될 의미가 있다.

백도 2의 마늘모로 두는 방법이 있다.

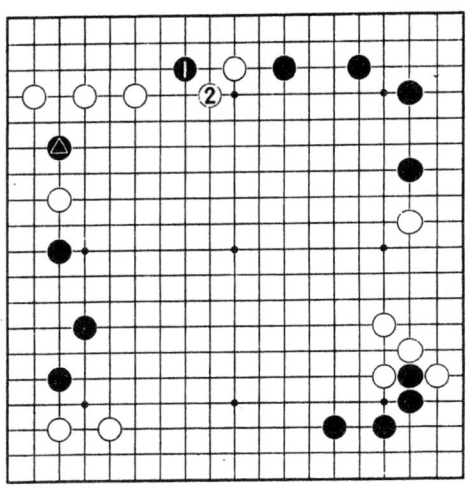

실전의 경과 (1)

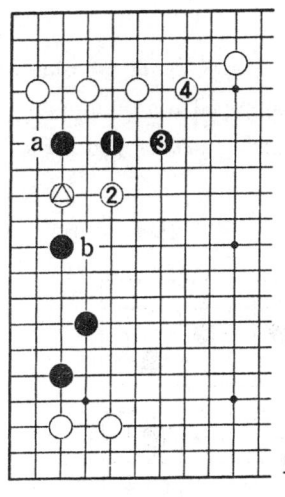

6
도

7 도 백 1 의 붙임은
어떨까? 흑 2 에서 7 까
지 외길의 진행이다.

흑은 8 이하 12까지
진행시켜 나간다. 그건
다음에 14의 요점으로
되돌아간다. 본보의 백
2 는 강정(强情)하지 못
하다.

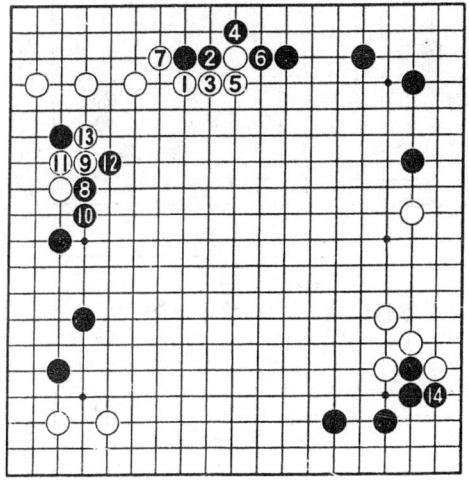

7
도

실전의 경과(2)

백의 마늘모에 대하여 흑1로 1점을 사석으로 이용하는 수이다. 여기에서 협공은 상용수단이 아니다.

백모양이 혼미를 일으키고 있다. 실전은 백2의 차단이다.

A의 곳과 B를 당연히 생각해 볼 수가 있다.

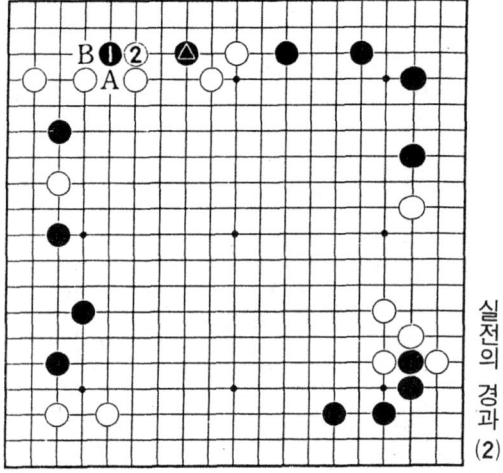

실전의 경과(2)

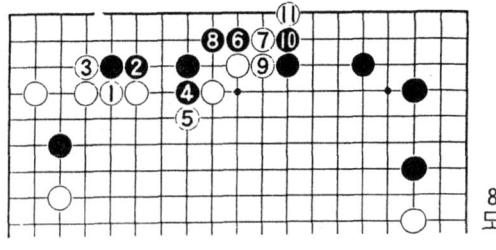

8도

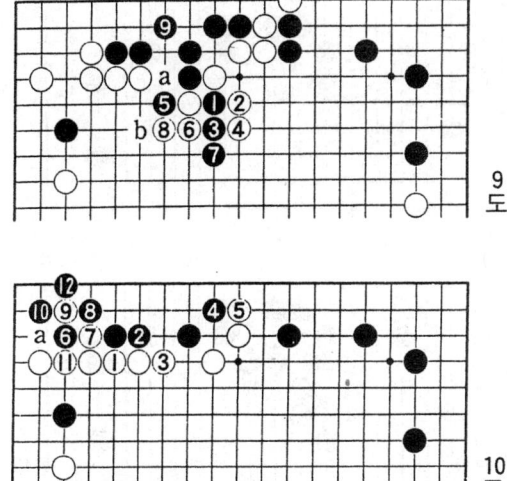

8도 백 1 의 이음은 변화를 초래한다.

흑은 2, 4 로 나간다. 이것은 6, 8 에서 당연한 흐름으로 백11 다음―

9도 흑 1 의 끊음은 강수이다. 흑 1 로는 단지 9 로 사는 수도 있다.

9 다음에 백a의 끊음은 선수이다. 흑은 b의 곳을 젖힌다.

10도 흑 2 에 백 3 의 늘음이다. 백 3 에는 흑 4 에서 6 까지이다. 흑12 다음에 백a에는 흑은 9 의 곳이 좋다.

백 1 로 위쪽의 이음은 백의 불만이다.

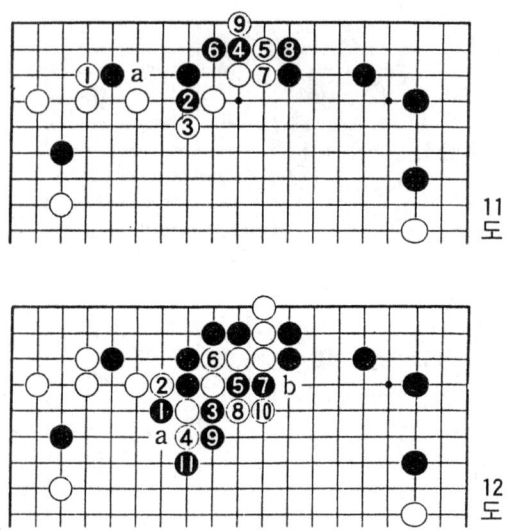

11도 백 1 의 안쪽 막음이다. 이것도 흑이 충분한 전과를 올린다.

흑 2 에서 4 , 6 의 붙여 뻗음은 당연하다. 흑 8 로는 a의 곳에 두면 산다.

흑이 a의 곳에 두지 않는다면……

12도 백에는 결함이 있다. 평범하게 흑 1 의 젖힘에서 백은 곤란하다. 10은 축을 방지한 수이나 여기에선 11로 단수를 하는 수가 있다.

백 a에는 흑 b이다.

결국 백은 다음도의 수단을 강구하지 않으면 안된다.

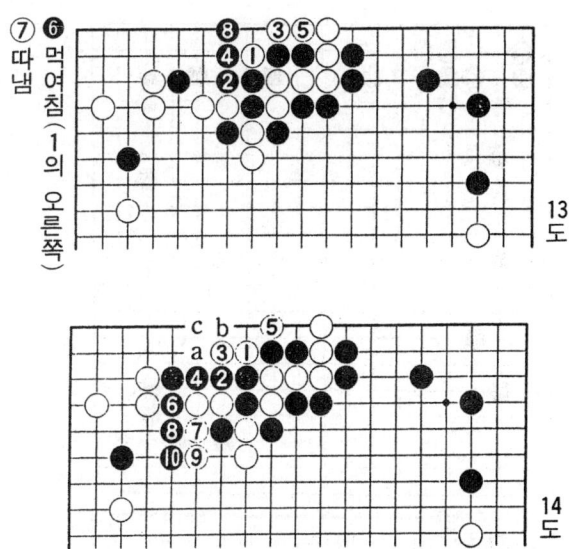

13도 백1, 3으로 2점을 잡는 수이다. 이것은 혹 6의 먹여치기가 있어 실패이다.

패는 혹이 유리하다.

14도 백3으로 1점의 단수에서 5까지 잡으면 이것은 완전히 사는 모양이다.

혹4로 되어서는 유리한 전개이다. 평범하게 10까지 나가는 것이 좋다. 상변은 혹a, 백b, 혹c의 조임이 있는 곳이다.

끝내기의 한 수단이다.

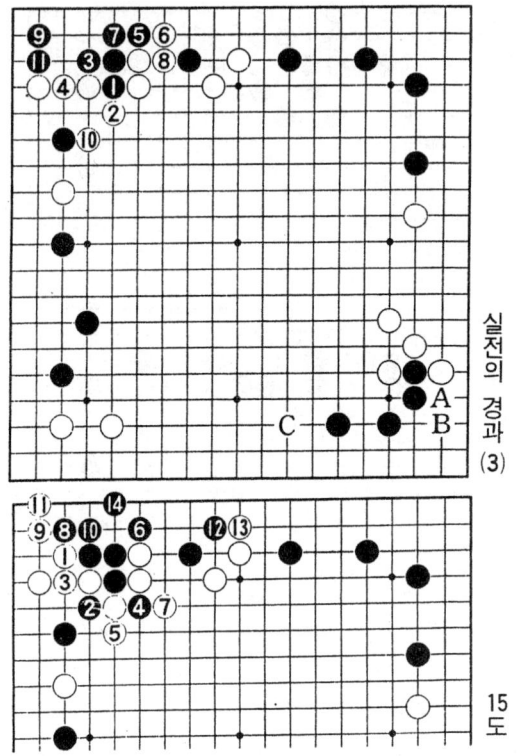

실전의
경과
(3)

15
도

실전의 경과(3)

침입한 후의 공방으로 이것은 한판의 바둑이다.

백의 바깥쪽 막음에 대하여 흑은 귀에서 사는 수단을
강구한다.

흑11까지 산다. 이것은 호각의 갈림이다. 이 다음의 염
원은 우하는 백A, 흑B, 백C의 진행이다.

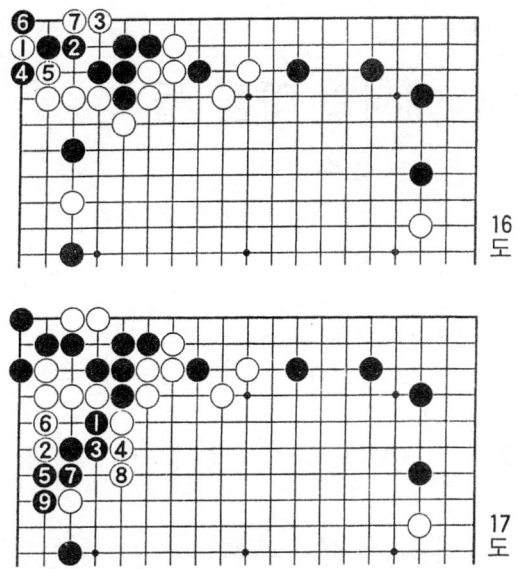

15도 백 1 의 붙임은 무리하다.

혹 6 의 젖힘에는 14까지 간단히 산다. 백의 외세는 맛이 나쁘다. 혹이 선수가 아니다.

실전에서의 백이 선수이다.

16도 여기에서는 백 1 의 붙임에서 3 까지이다.

백 7 다음에—

17도 혹 1 의 끊음이다. 이것은 공격의 양상이다.

결국 혹 9 다음은 패이다.

혹 1 에서 9 까지 백집을 침입한다.

이곳은 난해한 침입의 하나이다.

△제 6 국△

침입에서의 약한 돌

침입까지의 수순

나의 백번으로 중국류대 2연성의 대치이다.

수순을 한 눈에 살펴 보기로 하자.

흑11의 갈라침으로 침입의 시작이다.

1 도 흑▲에 갈라침과 벌림을 겸하고 있다.

백은 1의 곳을 걸쳐나간다. 흑 2 이하는 중국류 포석. 백11에는 12가 필요하다.

흑▲가 a에 있다면 하변이 한칸 더 넓다. 이것은 변화의 여지가 많다.

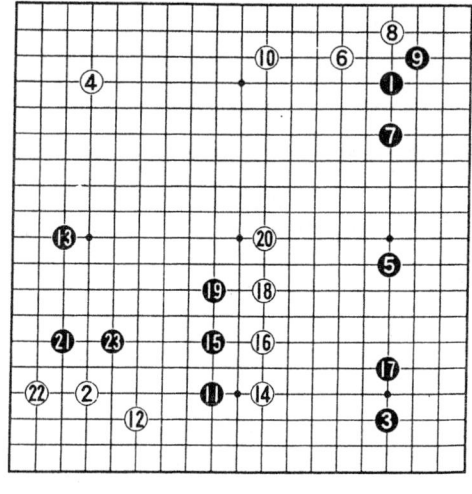

침입까지의 수순

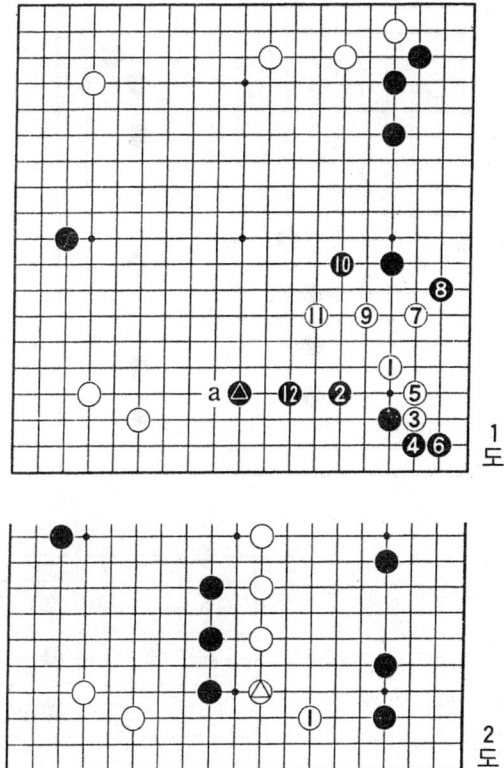

1도

2도

백20까지 중앙으로 진출을 한다.

2도 백 1 의 여유를 보자. 백 ⬠의 침입에 대한 결과이다.

이 포석의 배치에서는 중앙의 진출은 높은 것이 옳다. 2선은 침입하지 않는다.

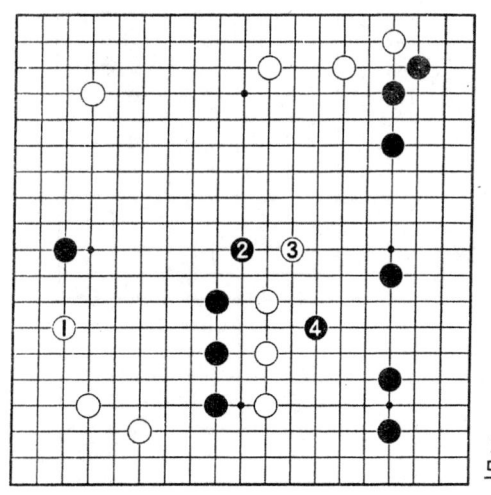

3도

실천의 백20이다. 이
것은 서로간에 약한 돌
이 생긴다. 부담감이 있
는 싸움이 된다.

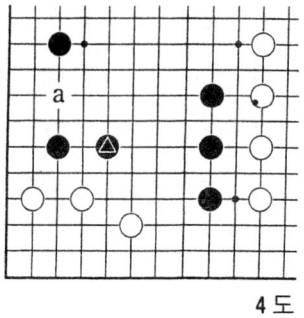

4도

3도 백1은 큰 곳이며 급한 곳이다. 흑은 2의 곳에
두어 중앙의 요처를 둔다.
중국류의 외세는 확정지가 아니다. 중앙의 일단을 공격
하여 좌변 침입을 노린다.

4도 흑● (흑23)의 뜀은 a의 침입을 방지한다. 외세를 만드는 작전이 필요하다.

과제도

흑●(23)로 뛴 장면에서 백은 어떻게 두어야 할까?

국면이 넓어 다음의 한 수가 문제이다. 남아 있는 곳은 우변의 침입이다.

백△표 4점이 약한 돌은 결코 아니다.

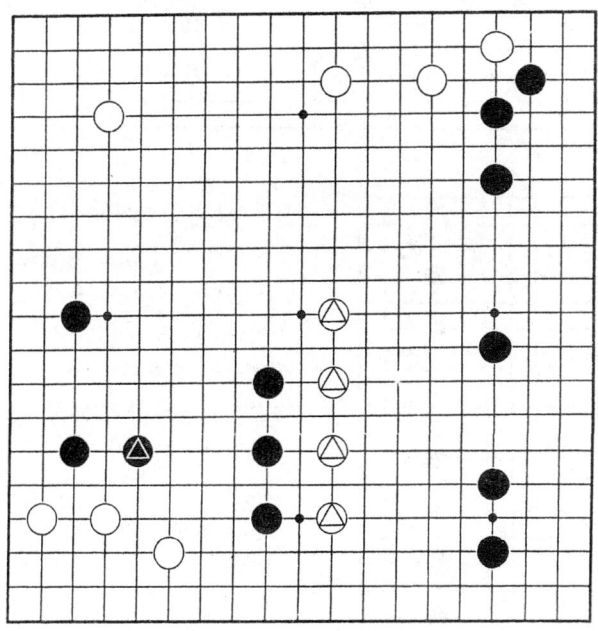

〈과제도〉

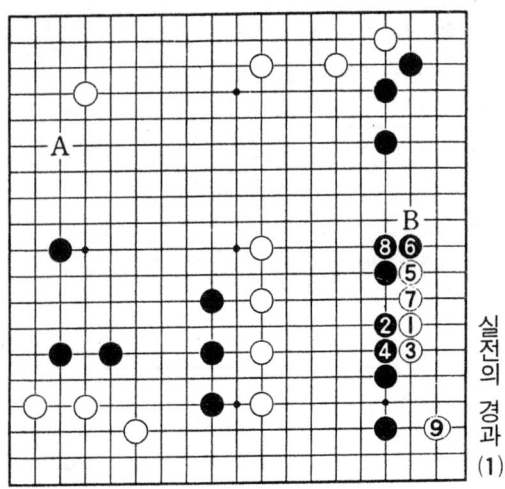

실전의 경과 (1)

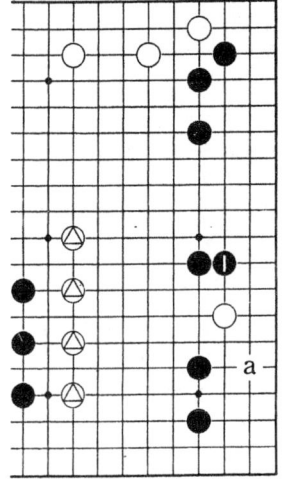

5
도

실전의 경과 (1)

나는 백 1 로 침입을 하였다. 이것은 9 까지이다. 흑도 두텁게 두어 호각의 진행이다.

이 다음에 A의 방향에 걸친다. 침입의 공방은 조화가 있는 곳으로 실전의 수순을 생각할 수 있다.

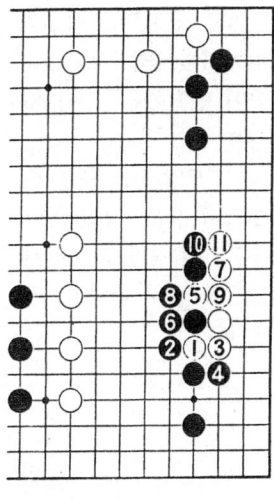

6 도

침입의 장소로는 백 1 이 좋다. 백 2 의 높은 침입은 중도반단이다.

5 도 흑은 백△가 강하여 흑 1 로 a 는 집이 크다.

머리붙임외로 두는 것은 백의 4 점이 약하다.

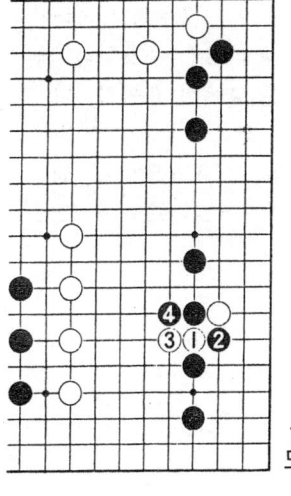

7 도

6 도 백 1 의 끼움이다. 흑 2, 4 에서 11인데……이것은 정석이 아니다.

7 도 흑 2 로 아래쪽 끊음 다음에 4 의 곳을 올라서는 수까지이다.

백이 참고하여 둘 수이다.

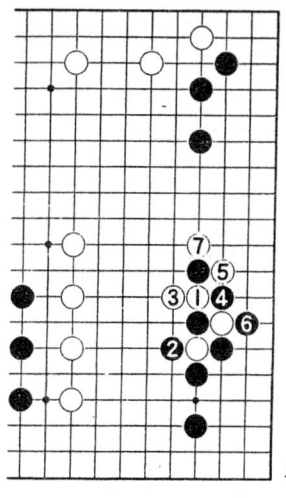

8 도

8도 전도의 백 3의 변화이다. 백 1로 단수하여 반발하는 수가 있다.

이 모양에서 흑은 4, 6으로 잡는 것이 좋다. 백 7까지 축으로 몰아서는 흑이 유리하다고 볼 수 없다.

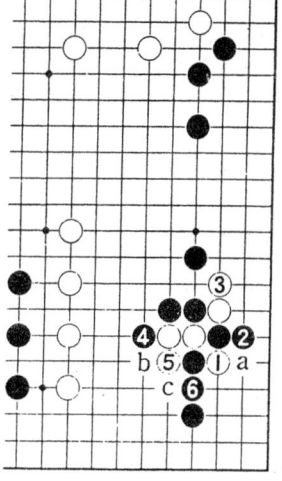

9 도

9도 7도에 계속하여 백 1, 3은 무모하다. 흑은 4에서 6까지이다.

백은 a로 둘 여유가 없다. 흑 6으로 b, 백 c. 흑 6으로 두는 수도 있다.

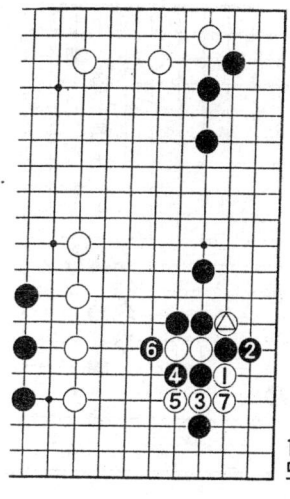

10도

10도 백 1 에서 3, 5 의 나감도 일법이 아닐 수가 없다. 흑 6 에 백 7 까지이다. 이것은 백이 크게 나쁘다.

꼭 '거북이 껍질' 같은 모양이다.

백이 나쁜 모양의 국 면이다.

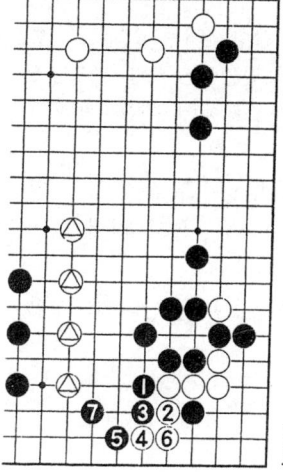

11도

11도 이 다음 흑 1 의 젖힘에서 3 의 내림까지 이다.

흑 7 의 벌려이음인데 백△표 4 점이 단연 엷 다.

건너감으로 두지 않는 것이 이 바둑의 결론이 다.

12도 여기에서 백 1 의 곳의 끼움은 어떨까?

지금에 있어서는 흑 2 의 바깥쪽 단수에서 4 의 내림까지이다.

흑 ⚫ 가 있어 10의 곳 막음이 안성맞춤이다.

백의 고전의 양상이 다. 실전에 비하여 흑이 좋다.

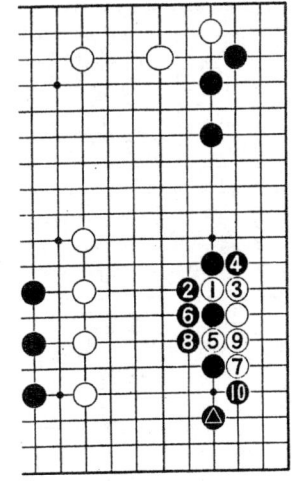

12도

이상이 침입한 후의 공방이다. 강한 침입의 바둑은 전투를 쉽게 풀어나갈 수가 있다. 침입을 한 후의 공방은 한 수 한 수의 바둑의 받음에서 신중하여야 함은 재론의 여지가 없다.

13도 자, 다음을 보자. 실전은 흑 1 이하 6 까지가 진행되었다. 흑이 손해인가? 그건 아니다. 흑의 외세가 두텁고 귀중한 선수임을 알아야 한다.

흑 1 은 큰 걸침이다. 백 2 에 흑 3 으로 중앙의 백을 압박한다. 여기서 흑 5 는 백 6 이다.

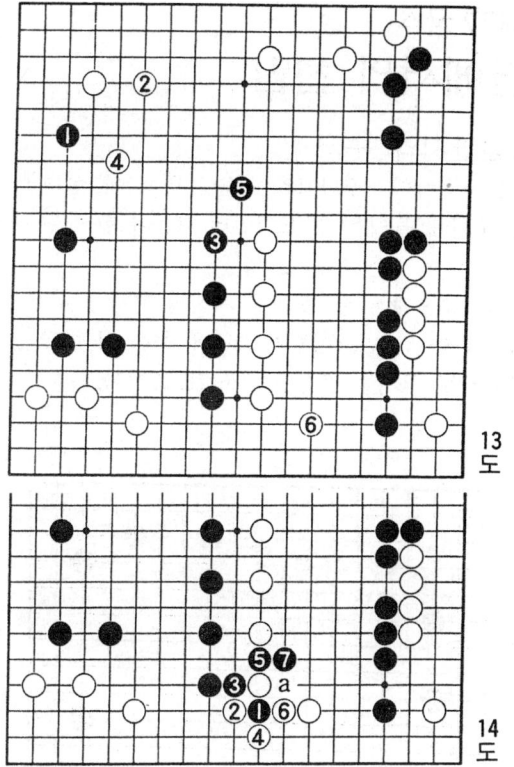

13
도

14
도

일응 염원이 있는 움직임을 살펴보기로 하자.

백의 대마에 대하여는,

14도 흑1의 붙임이 급소가 아닐 수 없다. 백2, 4에
는 흑은 5, 7로 분단을 한다.

여기에서 백이 2로서 a의 곳에 두는 것은 집모양이 충
분하지가 않다.

190

△제7국△
변에서의 침입

침입까지의 수순

나의 백번이다. **27**까지의 수순을 한 눈에 살펴볼 수가 있다. 중반에 돌입을 한 모양인데 다음의 한 수는 어디일까?

도중의 수순에서 한 두 곳을 지적할 수가 있다.

백은 양3·3이다. 이렇게 그곳에 두는 바둑도 있다.

흑**15, 17**로 근거를 만들면 백도 **18, 20**이다.

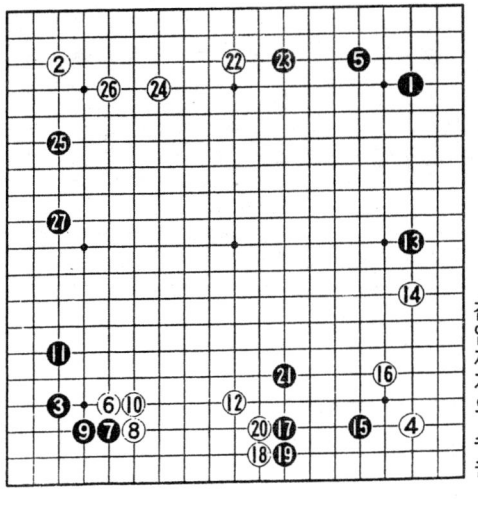

침입까지의 수순

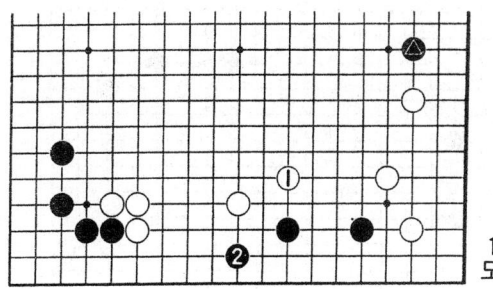

1도 백 1에는 흑 2의 미끄러짐이다. 반대로 백의 근거를 빼앗는다.

중앙의 외세도 흑⊿ 가 있어 많은 기대는 할 수가 없다. 외세가 집이 되는 모양에서 2의 점은 좋은 곳이다. 또한 25의 걸침도 주목할 필요가 있다.

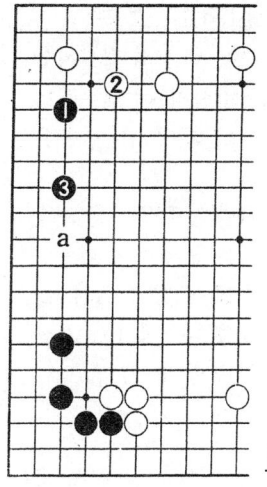

2도 흑 1로는 걸치지 않는다. 백 2에는 흑 3이다.

장래 백 a 의 2칸 벌림의 공격이 있다.

두터움이 적은 곳이다.

바둑에 있어서는 결코 실리를 무시할 수가 없다. 엉성한 모양으로는 결코 상대방의 수순을 뒤쫓을 수가 없다.

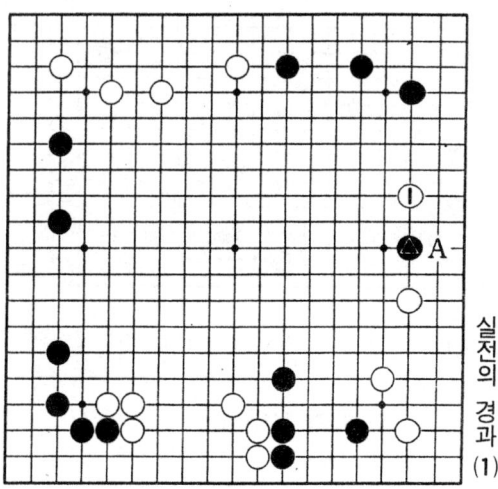

실전의 경과
(1)

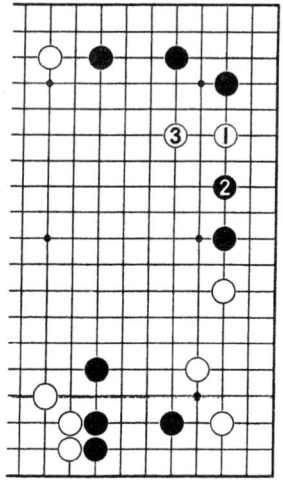

3
도

실전의 경과(1)

나는 백 1 의 침입이었다. 반상의 이 한수이다.

여기 외에 두는 곳은 없다.

이 부근에서 다른 곳의 침입은 문제가 있다.

흑⚫에 대한 A의 붙임을 본다. 백 1 이 가장 좋은 곳이다.

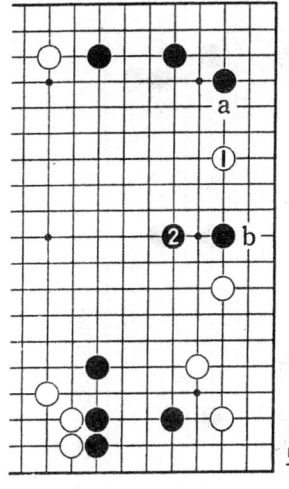

3 도 백 1 에 침입하는 것은 흑 2 의 평범한 협공이 있다.

백 3 으로 뛰어나가도 일반적인 공격을 당한다.

침입을 한 후에 결과가 나쁘다.

4 도 백 1 도 중도반단이다. a의 곳에 붙이는 수는 무겁다. 한편은 b의 건너감도 없다.

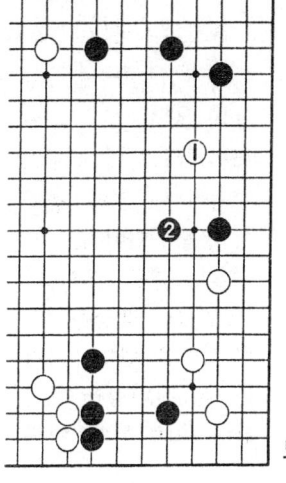

5 도 가벼운 침입이라면 백 1 의 높은 곳이 있다.

이것은 4 도 보다 한 칸이 높다.

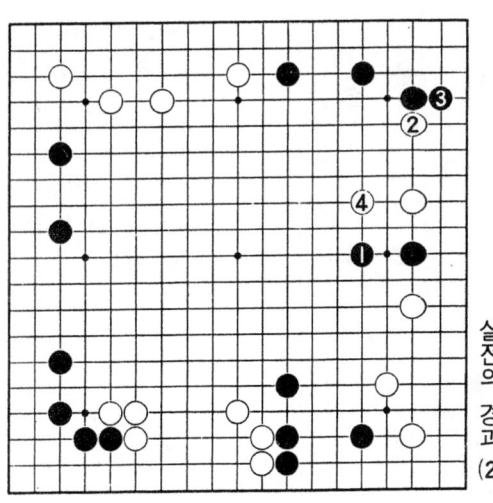

실전의
경과
(2)

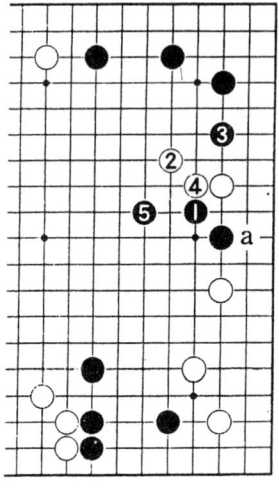

6
도

실전의 경과(2)

흑1의 뜀이다. 백
2의 붙임에서 4의
뜀까지이다. 실전의
경과이다. 2의 붙임
이 상용수단이다.

6도 흑은 1의 마
늘모이다. 백돌은 작
게 압박을 한다. 이것
은 a의 건너감을 방지
한다. 이하 4까지이다.

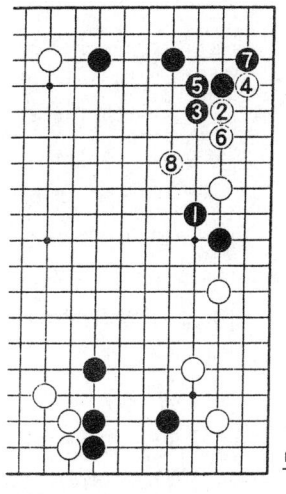

7도 여기에서는 백
2의 붙임으로 둔다.
이것은 백8까지 백의
모양에 여유가 있다.

흑3으로 단순히 5
의 곳은 백4, 흑7, 백
8이다.

이 다음의 연구는 제
1장에서 연구한 바 있
다.

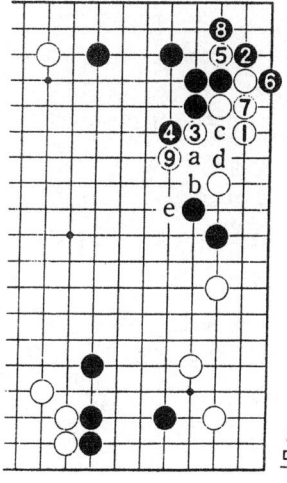

8도 백1의 벌려
잇는 수도 유력하다.

백3의 젖힘, 5의
끊음에 흑6, 백7로
둔다.

다음에 백9의 2단
젖힘이 좋다. 흑6으
로 단순히 8은 흑2
의 오른쪽이 좋은 모
양이다.

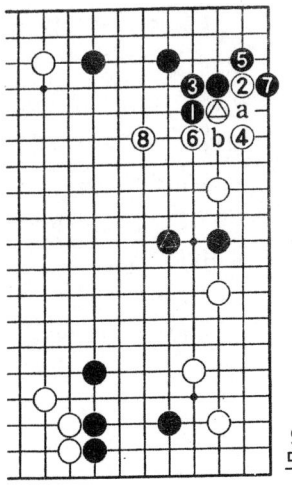

9 도

앞페이지 백 9 다음에 a의 끊음에는 백 b 이하 d, 흑이 이으면 e의 곳을 젖힌다. 백의 이상적인 진행이다.

9 도 실전은 흑⚫의 뜀이다. 백△의 붙임에 흑 1 의 젖힘이다. 백 2 , 4 의 벌려 이음이다

백 6 에 흑 7 의 젖힘은 백 8 의 뻗음이다. 흑 a, 백 b 로 백의 모양이 좋다.

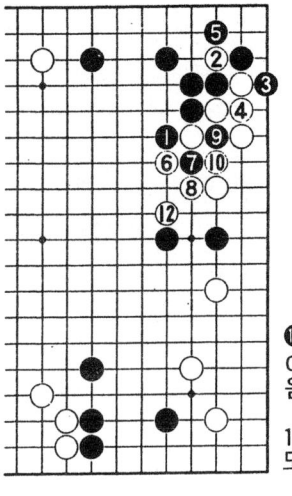

❶이음

10 도

10도 흑 1 의 젖힘은 앞에서 본 바가 있다. 백 2 의 끊음이 맥이다. 이것은 흑 3 의 단수에서 12까지이다.

흑의 한칸 뜀은 엷은 수이므로 주의를 요한다.

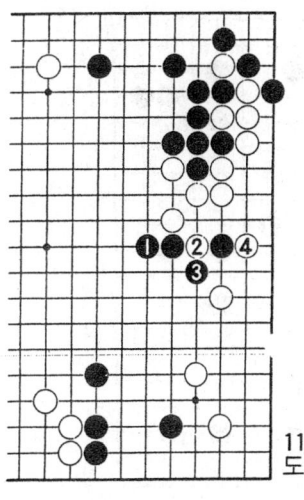

11도 흑 1 의 뻗음은 모양이다. 여기에선 백 2 에서 4 까지 건너가는 맥이 있다. 흑 1 의 뻗음은 좁은 움직임이다.

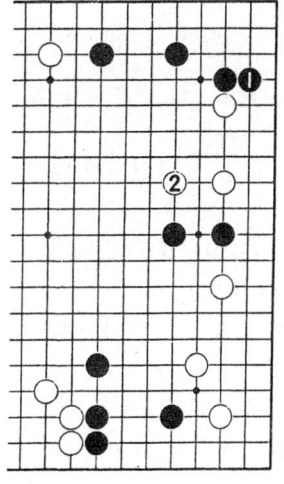

12도 이상이 협공의 맥으로 실전에서는 흑 1 의 내림이다. 백이 다소의 여유가 있다. 부분적인 움직임으로 일장일단이 있다.

이것은 변에서도 의미를 겸한다.

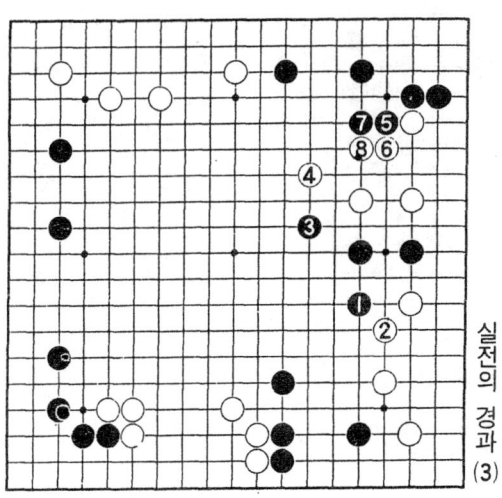

실전의 경과 (3)

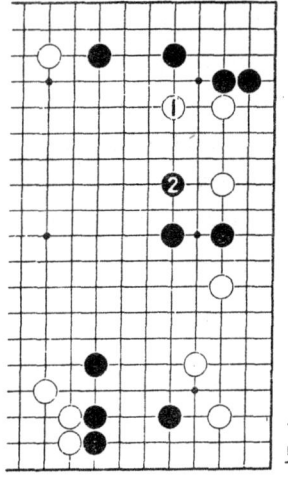

13
도

실전의 경과 (3)

흑 1 이하 백 8 까지 진행이다.

백 6 , 8 까지 진행이다.

13도는 앞페이지의 설명이다. 백이 1의 방향에 뛰면 흑 2 가 좋은 점이 아닐 수 없다.

흑 1 에 백 2 의 마늘모, 흑 3 에 백 4 까지이다.

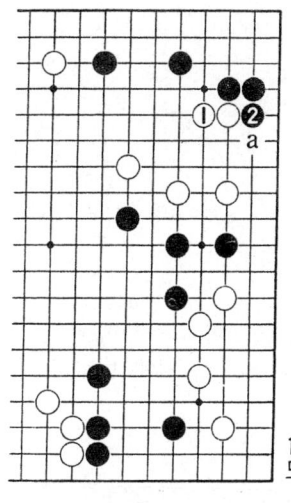

14도

14도 백1에 뻗어 모양을 만든다. 이것은 좋은 점이 아니다. 흑은 2의 꼬부림이다. a의 곳에 뛰어 두는 수도 있다. 백에 집모양의 여지가 있다.

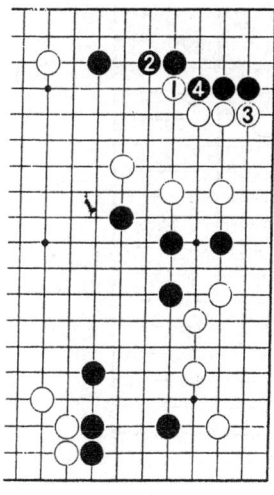

15도

15도 전도의 흑2를 두지 않으면 백1의 마늘모에서 3의 내려섬이 선수이다.

여기에서 실전은 흑5의 젖힘이다. 이것은 흑이 두터운 결과이다.

△제 8 국△

중반의 침입

침입까지의 수순

나의 흑번이다. 이것은 중국류의 포석이다. 백 6 의 눈목자는 중국류의 외세를 의식한 점이다.

백30의 벌림에 주목하기 바란다.

1 도 백 1 의 3 칸이다. 그러면 흑 2 의 다가섬이다.

실전은 약간 기분에 치우친 수로 한 칸 넓게 벌렸다.

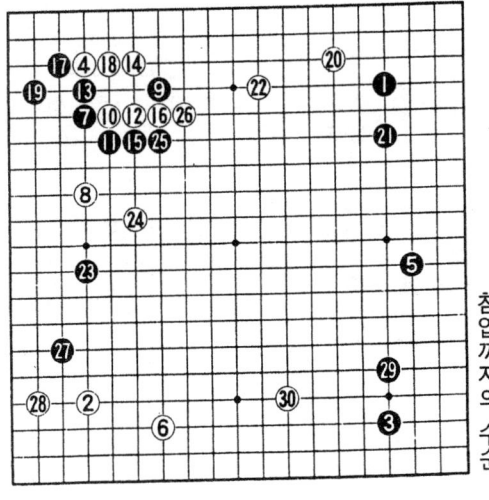

침입까지의 수순

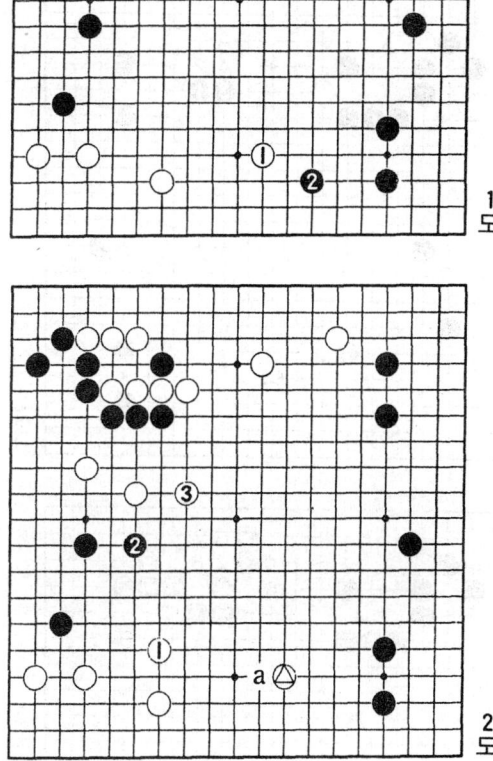

2도 백1, 3으로 두는 수이다. 이렇게 되면 백△의
벌림은 좋지 않다.

하변 일대의 배치로 보아 백△가 a에 있음이 옳다.

여기서 백30이다. 침입을 한다면 당연히 산다.

중반전의 작전에 대해서 생각을 하여 보자.

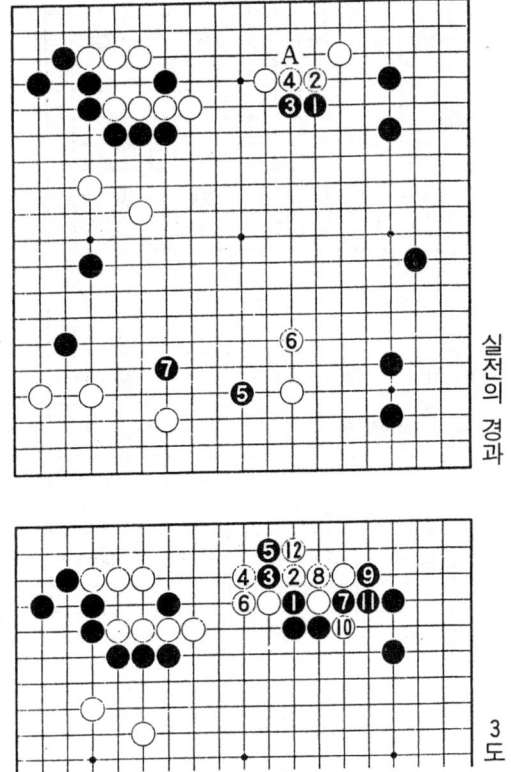

실전의 경과

3
도

실전의 경과

나는 상변을 흑 1, 3으로 두었다. 그런 다음에 5의 곳에 침입을 하였다. 이것은 전국적인 의미가 있는 곳이다.

침입의 장소로는 흑 5가 최적이다. 백 6에는 흑 7의 모자가 실전의 진행이다.

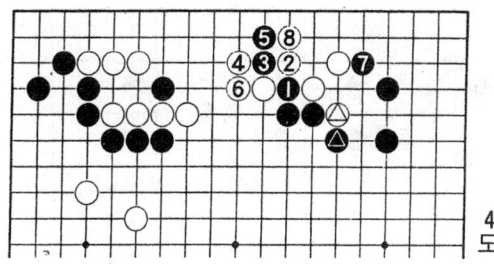

4
도

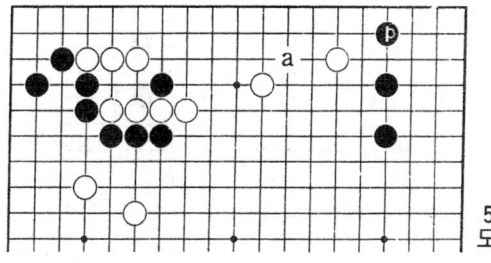

5
도

　흑 1 에 대하여는 백은 어떻게라도 받지 않을 수 없다.

　백 2 에서 4 로는 A의 마늘모도 있다. 백 4 로 오직 이한 수이다.

　3 도 이곳을 두지 않는다면 흑 1, 3 이다. 모양이 궁하다. 흑의 2 점을 잡으면 귀에 확정지가 생긴다.

　4 도 백 ⓐ 와 흑 ❷ 를 교환하였다면 흑 7 은 대동소이한 결과이다.

　5 도 중앙 방면에 착점을 하지 않는다면 흑 1 로 귀를 지킴이다. 이 점은 a의 침입을 노린다.

　a의 침입은 방치하여 둘 수가 없다.

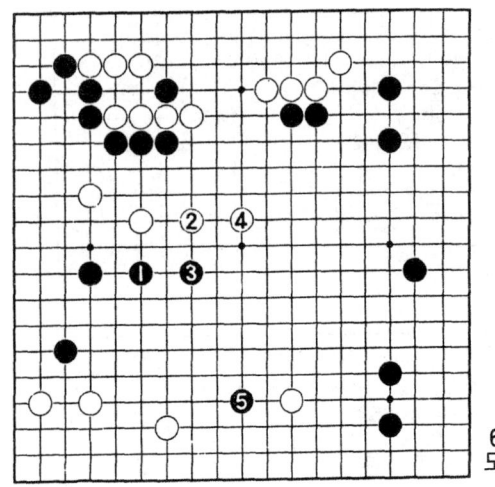

6
도

실전은 흑5의 침입이다. 흑의 하변에 침입이다.

6도 흑1에는 3다음에 백은2, 4이다. 흑은 5의 곳 침입으로 되돌아간다. 알기 쉬운 곳이다.

7도 전도의 변화이다. 도중, 백1로 지키면 a의 곳 지킴은 없다. 흑2로 모양을 키운다. 우변과 중앙에 흑의 외세가 생긴다.

8도 실전은 흑a의 침입이다. 이것이 최선인가?

b, c, d의 침입도 생각할 수가 있다. b～d의 침입은 좋지 않다.

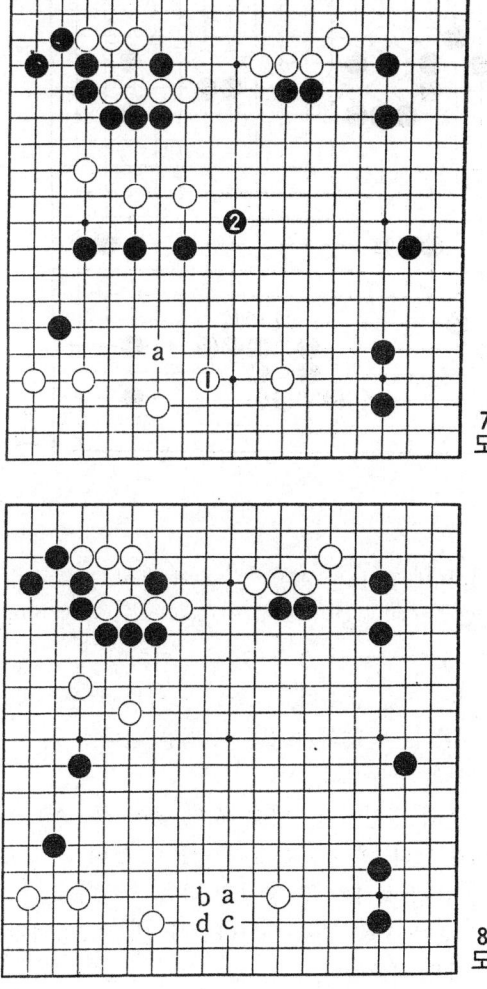

7
도

8
도

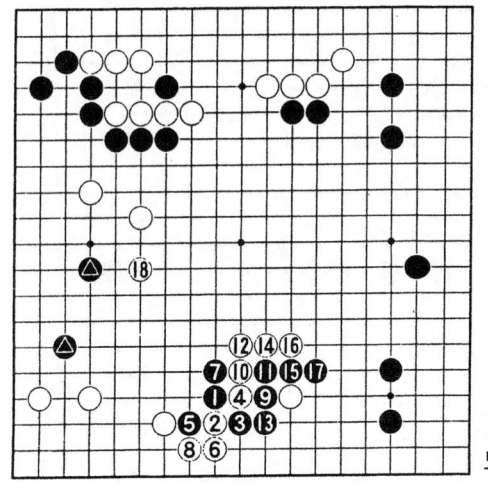

9
도

9도 흑 1의 곳이다. 백은 2, 4의 붙여 끊음이다. 이것으로 흑은 결국 서로 떨어지지 않을 수가 없게 되었다.

흑은 5, 7의 맥에서 9, 11의 나감까지이다.

우하방면에 집을 굳힌다. 그러나 중앙의 백은 두터움이 생기게 된다. 백18의 요점을 선점을 한다.

이것은 백의 성공이다.

10도 흑 1의 침입이다. 백 2, 4의 붙여 끊음이다. 이것은 전도와 같다. 백 4 로는 a의 뻗음도 있다.

11도 마지막으로 1의 곳 침입을 하는 수이다.

부분적으로 흑 1은 깊은 수이다. 이 점으로 인하여 좌변의 흑 2 점은 약해진다.

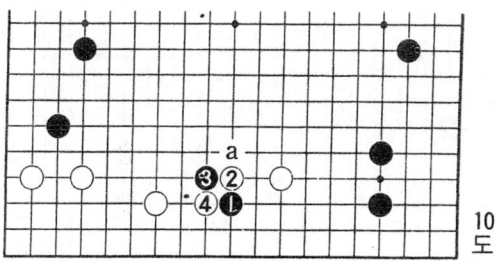

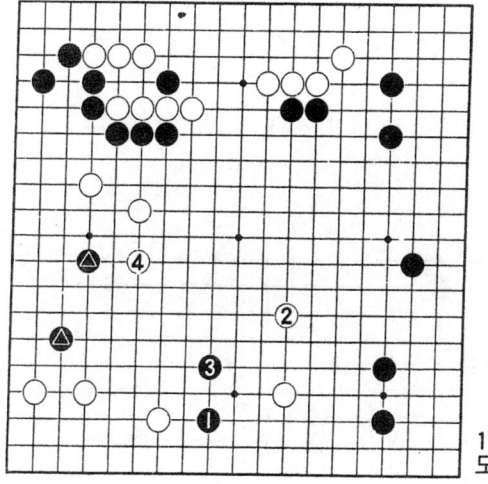

백 2 의 뜀에서, 흑 3 , 백 4 이다.

흑의 일단이 고립이 되어 있는 모양이다. 한칸 뜀의 모양이다. 백 4 가 좋아서 아래와 위쪽이 분리되어 있는 모양이 된다.

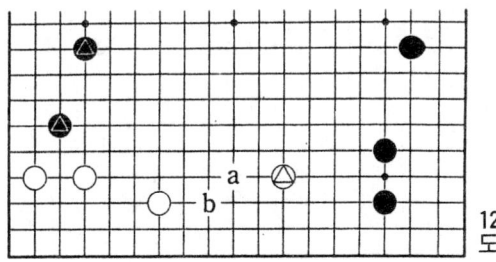

12도

12도 a는 가벼운 침입, b는 깊은 침입이다.

침입은 작지만 반대로 백⑤를 사석으로 이용을 하는 수
도 있다.

흑이 b에 침입을 하면 백⑤표들이 약해진다.

실패가 아닐 수 없는 깊은 침입이다.

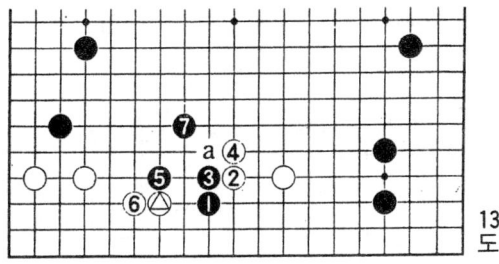

13도

13도 흑1에는 백2의 어깨짚기이다. 침입을 한 돌은
직접 공격하는 수로 흑3, 5에서 7까지 모양을 갖추어
나간다.

백4를 a에 젖히면 흑5. 백⑤는 사석이 아니다.

판 권
본사
소 유

38.초보자를 위한 침입의기술

2014년 9월 15일 인쇄
2014년 9월 30일 펴냄

옮긴이/ 프로바둑연구회
펴낸이/ 최 상 일
펴낸곳/ 太乙出版社

서울특별시 중구 동화동52-107(동아빌딩내)
등록/1973년 1월 10일(제4-10호)

■주문 및 연락처

우편번호 100-456
서울특별시 중구 동화동52-107(동아빌딩내)

전화/2237-5577 팩스/2233-6166
ISBN 89-493-0354-X   13690

"당신의 바둑실력이 두 배로 는다!!"

최신판!! 프로바둑강좌시리즈

'머리의 바둑'은 '공격을 겸한 방어'이자, '방어를 위한 공격'이다!!

프로바둑강좌 / 초급이상

6 초급 바둑 입문
本因坊 石田芳秀 지음 ·

7 초급 포석 입문
10단 加藤正夫 지음 ·

8 초급 정석 입문
9단 林海峰 지음 ·

9 초급 맥 입문
名人 大竹英雄 지음 ·

10 초급 접바둑 입문
本因坊 武宮秀樹 지음 ·

프로바둑강좌 / 중급이상

6 한집만들기 한집없애기
9단 高木祥一 지음 ·

7 큰 곳보다 급한 곳으로
9단 石田芳夫 지음 ·

8 패에 강해진다
9단 加藤正夫 지음 ·

9 승부바둑에 강해지는 법
9단 藤沢秀行 지음 ·

10 실전의 마술
9단 山部俊郎 지음 ·

프로바둑강좌 / 고급이상

6 잡으려하지말고위협하라
9단 大竹英雄 지음 ·

7 살려고하지말고공격하라
9단 林海峰 지음 ·

8 달아나지 말고 넘어가라
9단 武宮秀樹 지음 ·

9 선수로살고선수로잡는법
9단 山部俊郎 지음 ·

10 요령있게 패쓰는 법
9단 石田秀芳 지음 ·